60代から100歳以上まで

人生が楽しくなる「シニア推し活」のすすめ

精神科医
和田秀樹

KADOKAWA

はじめに

本書を手にとってくださったみなさん。

近年流行りの「推し活」という言葉、もうおなじみでしょうか？

一般的に推し活とは、アイドルやスポーツ選手、アニメや漫画のキャラクターなど、特定の誰かを熱心に応援する活動のことです。若者の間で推し活は、単なる流行を超え、立派な文化として根づいています。しかし、実はこの推し活、高齢者の心身の健康にも良い影響を与えるのです。

私は、約35年にわたり高齢者専門の精神科医として多くのお年寄りと向き合ってきました。そうしたなかで、近年、強く思うことがあります。それは、いくつになっても元気でいるためには「誰かのために生きている」と実感できることが必要だということです。例えば、長年家族のために生きてきた女性が、子供が独立し、夫も先に亡くなってしまった場合、世話をする相手がいなくなります。すると、自分は何のために生きているのかという疑問に悩まされるようになります。ところが、そんなときに犬や猫などのペットを飼いはじめると、「この子のためにがんばろう」という気持ちが生まれ、別人のように元気になる方も多いのです。推し活も同様に、年齢に関係なく、心に活力を与えてくれる活動です。誰かを応援したいという思いは、心の栄養となります。

推し活の効果は、次のようなことが考えられます。

- ときめきやドキドキ感による若返り
- 生活に張り合いをもたらし、異性を意識することでホルモンバランスを整える
- 脳の活性化による老化予防
- 快体験で心身の健康を高めて免疫力をアップ
- ストレス軽減と気分向上
- 高齢期の不安を手放せる
- 経済の活性化への貢献

誰かを好きになり、応援したいと思うことで、こんなに心や体にうれしい効果がある活動と

いうのは、他にはなかなか見当たらないのではないでしょうか。

また、推し活の魅力は、その気軽さにもあります。誰かを応援するために、特別な才能や資格は必要ありません。「推し活をしたことがない」「やり方が分からない」という方も大丈夫です。推しが俳優ならば、その人が出演しているドラマや映画を観るだけでも十分に推し活です。さらに、実際に会える人のなかに推しを作ると、生活に張り合いが生まれます。例えば、近所で挨拶を交わすパン店の店員さんやスポーツクラブのインストラクターなどでもいいのです。「あの人、感じがいいな」と思う人がいれば、チェックしてみるといいでしょう。「今日は会えるかも」と思うだけで気持ちが高揚し、若返りにも役立ちます。動物好きな方ならば、犬や猫、パンダなどを推しにするのもおすすめです。推しの対象は、人物に限らず、動物やキャラクター、気になるお店、気になる食べ物、仕事など、「好きだ」と思うものならば、何でもかまわないのです。

重要なのは、「夢中になることができるかどうか」です。そのためには、多くの人が応援する有名人よりも、「自分だけの推し」を見つけたほうが、より応援しがいがあるかもしれません。すばらしいことに、推し活は単なる自己満足ではありません。日本経済が停滞している要因の一つには、消費の停滞がありますが、推し活を通じて消費を促進させることが経済を循環させる重要な一歩となります。経済的に余裕のある高齢者が、好きなことのためにお金を使うことは、実は立派な社会貢献なのです。そこから新たな産業やサービスが生まれる可能性だってあるかもしれません。

本書では、推し活がシニアに与える健康への影響や、健康かそうでないかに関わらず心から幸せを感じられる期間を指す幸福寿命と推し活の関係の他、実際に推し活で人生が豊かになった5人の方のエピソードも紹介しています。推し活歴60年というツワモノから、107歳で人生初の推し活を始めた方まで、推し活によってどんな変化があったのか、どんな楽しみや生きがいに出会ったのか、ぜひ参考にしてみてください。

さらに、これまでの人生では推し活とは無縁だったけれど、これから自分も何かやってみたいという方のために、さまざまな推し活とその取り組み方もまとめています。推し活は、より充実したシニアライフを送るための重要な鍵となります。

本書を通じて、推し活のすばらしい世界に飛び込んでみてください。きっと、新たな毎日があなたを待っています。

和田秀樹

第1章　「推し活」が与える健康への影響

【ケース2】 94歳のサッカー乙女「選手との出会いで蘇った青春」 110
取り組んだ人 森岡和子さん（94歳）
内容 プロサッカークラブ「カターレ富山」の応援

【ケース3】 ピッチに立つ夢が不可能を可能に！「フラッグベアラーへの挑戦」 122
取り組んだ人 本間善範さん（92歳）
内容 プロサッカークラブ「セレッソ大阪」の応援

【ケース4】 世代を超えた交流が元気の秘訣「80歳差の友達」 132
取り組んだ人 としこさん（80歳）
内容 シルバー人材センターの仕事

【ケース5】 駅旅から世界一周旅行まで「人生は旅とともに」 144
取り組んだ人 加能千明さん（74歳）
内容 駅旅、世界一周の旅

第4章 社会に広がる多様な「推し活」

※本書に掲載している情報は2024年11月時点のもので、変更になる場合があります。あらかじめご了承ください。

企画協力：サントリーウエルネス株式会社
デザイン：鈴木大輔・江﨑輝海（ソウルデザイン）
カバーイラスト：冨田マリー
DTP：G-clef
校正：ぴいた
取材協力：宝田真由美
編集：伊藤甲介（KADOKAWA）

第1章
「推し活」が与える健康への影響

60代からは新たな生き方を楽しむ

「人生二毛作」という言葉があります。二毛作とは、一年のうちに同じ耕地で異なる作物を収穫することですが、この考え方は生き方にも応用できます。これまでの経験を生かして何かに取り組むだけでなく、新たなことへのチャレンジを加えることで、人生はより豊かで面白くなるのです。

私は、結婚にも二毛作があっていいと思っています。人生１００年時代という現代で、特に60代からのシニア世代にとって、第二の人生をどう楽しむかは大変重要なことです。最近では熟年離婚が増えており、高齢になってから人生の再スタートを切る方も少なくありません。そう考えると、最初の結婚では、子育てを中心とした生活をし、子どもが独立したら、老後を楽しむパートナーとの新たな関係を築くという選択肢があってもいいと思うのです。こういった二毛作の結婚観が広がれば、高齢期の生活がより豊かになるかもしれません。

例えば、夫が定年退職を迎え、子どもが独立し、夫婦二人きりの生活に戻ったとき。働きもせず、家事もしない夫がダラダラと家にいて、一日中えらそうな態度をとっていたとします。そんな夫の存在がストレスとなり、心身に不調をきたす「夫源病」になる女性はたくさんいます。ここで一つ、知っておいていただきたいことがあります。男性は、加齢によって男性ホルモン（主にテストステロン）の分泌が減少します。すると、意欲がどんどん低下し、外に出ていく気力も失われていきます。一方の女性は閉経後、男性ホルモンの量が増えてアクティブになる傾向があります。そこに、ライフスタイルの変化も重なり、家でゴロゴロとしていたい夫と、どんどん活動的になる妻との間に、すれ違いが発生してしまうのはやむをえないことでしょう。

「久しぶりに夫とフレンチに行ったのに、まったく盛り上がらない」とか、「夫と旅行に行ったけれども、全然楽しくなかった」などと不満を感じている方は、思い切ってパートナーを代えることも一つの選択肢として考えてみることをおすすめします。

現実的に、昔と比べたら離婚は容易になっています。私の同級生でも、つい最近、64歳で新たなパートナーと再婚した方がいます。その友人のケースでは、年の離れた前妻との夫婦問題がきっかけで、相談相手であった同年代の女性と親しくなり、再婚へと結びつきました。このように、年齢を重ねたからこそ、本当に気の合う異性に出会うこともあるのです。「歳を取ったら恋愛はできない」とか、「もう結婚なんてできるわけがない」というのは、自分が勝手に考えているだけのことで、本当は意外と、歳を取るほど話の合う相手と巡り合えることもあるのです。

いざ離婚するとなった場合、特に専業主婦だった方にとって、最大の不安は経済面にあると思いますが、実は法律が熟年離婚した女性を守ってくれます。夫婦の財産分与は、原則として半々であり、たとえ専業主婦であっても、結婚してから夫が稼いだ財産の半分を受け取ることができます。さらに、現在は年金分割制度というものがあるので、婚姻中に納めた厚生年金も半額を受け取ることができるのです。

それでも収入がなく不安に感じる人もいるかもしれません。その場合は、働けばいいだけの話です。現在はどの業界も人手不足ですが、今後、ますますニーズが高まっていくであろう介護業界は、特に深刻です。60代であれば、まだまだ体力的にも元気なはずです。この機会を生かして介護施設で働けば、ある程度の収入を得ることができるでしょう。びっくりするような高収入を期待することは難しいでしょうが、若いころと違い、子どもの教育資金や家のローンなどは不要なわけですから、年金と合わせれば、十分に余裕のある生活が可能になるでしょう。

ただし、一つだけ注意しておきたいことがあります。60歳以上になったら、「嫌なことはやらない」と、心がけておいてください。仕事を選ぶ際にも、「こっちのほうが給料がいいから」とか、「その仕事が自分にできるかどうか」ということではなく、「その仕事が好きかどうか」「楽しんでできるか」「やりたいと思うかどうか」で選んだほうが、今後の人生がより豊かになると思います。もしも、「若いころにやりたかった仕事」がある人は、もう一度チャレンジしてみるのもいいでしょう。実際にやってみて、その仕事が自分に合わずストレスを感じる場合は、無理に続ける必要はありません。さっさと辞めて次の仕事を探したらいいのです。第二の人生では、自分に余計なプレッシャーを与える必要はないのです。

推し活による疑似恋愛が若返りをかなえる

繰り返しになりますが、第二の人生を楽しむためには、恋することをおすすめします。なぜなら、恋愛には若返りの効用があるからです。例えば、早くに夫を亡くし、未亡人として歳を重ねてきた女性が、恋をすると急に若返ることがあります。きれいになり、周囲の人からも「もしかして恋をしているんじゃない?」と驚かれることも少なくありません。女性でも男性でも、恋をすると髪型や服装に気を遣うようになり、おしゃれになって、まずは見た目が若返ります。するると、自然と気持ちも若々しくなっていきます。そして、意欲的になり、さらには体を動かすことも苦でなくなります。歳を重ねてからの恋愛には、このようにさまざまな面で、良い影響がたくさんあるのです。

しかし、現実問題として、夫や奥さんとは別の新たなパートナーを見つけるのは倫理的によろしくなく、家族や親の介護、さまざまな事情で離婚に踏み切れないという方が多いことも承知しています。むしろ、日本ではそういった方が大多数でしょう。そんな方におすすめしたいのが推し活です。「残りの人生、恋愛なんてできそうにない」とか「こんなに歳を取って、好きな人に出会えるとは思えない」「いまさら楽しいことは諦めている」という方が、第二の人生をより充実したものにするために、推し活は大いに役立つのです。

一般的に推し活とは、アイドルやミュージシャン、スポーツ選手など、特定の誰かを応援する活動のことで、恋愛に似た効果があります。しかし、恋愛ほどリスクがなく、心に潤いや活力を与えてくれるのが魅力です。とりわけ女性におすすめです。

男性の場合は、キャバクラや風俗など、疑似恋愛に近いサービスが数多く存在します。おじいちゃんになったとしても、年金でまかなえる範囲でそういった場を利用する分には、なんの問題もありません。むしろ、多少のスケベ心は男性ホルモンの活性化にも役立つので、「どんどん行ったほうがいい」と、私はおすすめしたいところです。とはいえ、「奥さんが厳しいからそういった店には行けない」という男性もいます。そういった場合でも、美少女フィギュアを集める程度なら許容してもらえるというケースもあるでしょう。

一方で、女性が同様のサービスを気軽に利用できる環境は、まだまだ整っていないのが現状です。超高齢社会において、特に女性のほうが長生きである現状を考えると、シニア世代の女性を対象とした新しいサービスや楽しみ方がもっと必要だと思っています。例えば、良くない評判が多いホストクラブですが、私は、中高年の女性向けに文化サロンのような「インテリ系ホストクラブ」を作ってはどうかと考えています。

現在のホストクラブは、イケメンや押しの強いホストが多い印象ですが、すべての女性がそういったタイプを好むわけではありません。むしろ、知性や共感を持った中高年の男性とゆったりと会話を楽しめるような心安らぐ場所があれば、多くの高齢女性もリラックスして利用できるでしょう。ホストは全員60代以上で、一流大学卒の男性ばかりを集めるのです。ただ、残念ながら、そのようなクラブはいまのところ存在しないようです。

そこで、女性には推し活という別のアプローチをおすすめするのです。推し活は有名人を応援するだけではありません。例えば、カルチャースクールの講座に参加して魅力的な講師との交流を楽しんだり、スポーツクラブで好みのインストラクターのレッスンに通ったり、近所のカフェの店員さんにときめいたりすることも推し活の一つです。

先日、偶然入ったカフェでこんな微笑ましい光景を目にしました。60代くらいの男性を囲んで、同年代かそれ以上の女性たちがワイワイと賑やかにお茶を楽しんでいたのです。おそらく大学の先生かカルチャースクールの講師で、何かを学ぶ会のような教室が終わり、「先生、お茶でもご一緒にいかがですか?」という流れになったのでしょう。みなさん楽しそうで、元気に溢れている様子は、まるで女学生のころに戻ったかのように心弾む印象です。講師との交流からときめきやドキドキといった感情が生まれることで、心身が若返るきっかけとなるのでしょう。

「推し」のコンサートが奇跡をもたらす

推し活の効果を身近で感じたエピソードを紹介しましょう。

「夢コンサート」（株式会社夢グループが運営するコンサート）という、往年の人気歌手20人ほどが出演するイベントに行ったときのことです。その日の出演者は、小林明さんや狩人など、懐かしのスターが勢ぞろい。私は偶然、晩年の松方弘樹さんとお知り合いになり、彼がこのコンサートの主役の一人であったことから、観に行ったのです。会場には、高齢者を中心に2000人から3000人もの観客がいましたが、その熱狂ぶりは驚くべきものでした。出演者が歌いはじめると、会場には「うわぁ〜」「キャー」といった歓声が一気に上がり、大いに盛り上がります。特に、松方弘樹さんが舞台から下りてきたときには、観客の熱狂は最高潮に達しました。まるで若いころに戻ったかのような高揚感が会場中に溢れていたのです。この光景を目の当たりにして、音楽や芸能人への推し活がシニア世代にもたらす強烈な活力を感じました。

さらに驚くべきエピソードがあります。以前、郷ひろみさんの関係者の治療に関わったご縁で、コンサートチケットをいただいたことがあります。私は都合がつかず行けなかったのですが、妻に「友人を誘って行っておいで」とプレゼントしました。すると、一緒に行った妻の友人が大いに興奮し、すぐさま郷ひろみさんの大ファンになりました。しばらくしてから、なんとその友人は、数年ぶりに生理が戻ったというのです。この話は、推し活が単なる娯楽を超えて、体にも大きな影響を与える可能性があることを表わしています。心理的な高揚感が身体機能にまで影響を及ぼすという事実は、シニア世代の健康維持にとって非常に興味深いことでしょう。ファン心理というものの不思議さ、すばらしさを改めて考えさせられた出来事でした。

このように、推し活には、シニア世代に生きる喜びと活力を与えるだけでなく、予想外の健康効果をもたらす可能性があるのです。

私事で恐縮ですが、最近、ありがたいことに講演会によく呼んでいただきます。一度の講演で、多いときには2000人ほどの方々が集まってくださって、シンフォニーホールのような大きな会場が3階席まで満員になることもあります。みなさん、無料で来てくださるのではなく、わざわざ有料チケットを購入して、その一部を私に投じてくださっているんです。先日、人口11万人の北海道北見市で講演を行いました。チケットは、前売り1500円、当日2000円で450人分販売したのですが、驚くことに2日間で完売したのです。450人というとそれほど多くない数字に思うかもしれませんが、人口11万人の町でこれだけの数のチケットが短期間で売り切れたことに大変驚きました。

こういった講演会に足を運んでくださる方は、70代以降の女性が多いのですが、普段の講演会と比べて、ものすごく真面目に話を聞いてくれるのです。それこそまるで推しを応援するファンのように、熱心に私の話を聞いてくださっていることが伝わってきて、こちらも感激しました。推し活は、応援されている側もとても幸せな気持ちになるのだということをお伝えしておこうと思います。

「推し」がいるだけで性ホルモンが活性化

このような推し活による疑似恋愛のようなものは、本物の恋愛とは異なり、「夫や子どもに知られたらどうしよう」と心配する必要もなく、後ろめたさやストレスを感じることもありません。本物の恋愛や不倫などと違い、「ホストクラブに通う」「キャバクラに行く」といった行動ならば問題ないのではとも考えられますが、これらの趣味も「夫や妻に知られたらどうしよう」と、ビクビクしながら行っている場合は、やはりストレスになります。一方で推し活は、何を気にすることもなく、恋愛感情のようなものがもたらすすばらしい効果を得られるのです。

例えば、女性の場合、閉経すると女性ホルモン（エストロゲン）の分泌量が大幅に減少します。しかし、先述した郷ひろみさんのファンになった妻の友人のように、推しを見てドキドキしたり、ときめいたりすると、女性ホルモンが再び活性化されます。すると、生理が再び始まるということがあっても不思議ではありません。

女性ホルモンが増加すれば、肌や髪にハリが出てきて、若々しく、きれいになります。若々しくなれば、メイクも楽しくなり、おしゃれにも気を遣うようになるでしょう。また、エストロゲンは骨の健康を維持するためにも重要なホルモンで、骨密度の維持に役立ちます。そのため、女性に多い骨粗しょう症にもなりにくくなります。さらに、女性の場合は閉経すると男性ホルモンの分泌も増えるため、意欲や行動力が向上し、人付き合いに積極的になる傾向もあります。「ネイチャー」という国際的な総合科学ジャーナルに掲載された学術論文では、女性に男性ホルモンを補充すると、寄付やボランティアなど人のために何かをしたいという気持ちが増えることが示されています。つまり、男性ホルモンは人間関係を良くする役割を担っているということなのです。

一方、男性の場合、年齢とともに男性ホルモンの分泌が減少していきますが、たとえ疑似であっても、恋愛をすると男性ホルモンが増加し、見た目も気持ちも若々しくなります。男性ホルモンが多いとか増えるというと、「女好き」や「スケベ」というイメージで語られることがありますが、実際には男性ホルモンが増加すると、人に対して優しくなるだけでなく、人との付き合いが億劫でなくなります。逆に、男性ホルモンが減少すると、女性に関心がなくなるだけでなく、人付き合いそのものが悪くなります。

女性にしても男性にしても、推し活による疑似恋愛は低下している性ホルモンの増加を促す格好の手段です。第二の人生をより幸せにするためにも、推し活に取り組むことをおすすめしたいと思います。

前頭葉の老化を防ぐには、脳トレより推し活

推し活による新たな刺激は脳にも良い影響を与え、前頭葉の活性化を促します。前頭葉とは、大脳の前方部分にあり、思考力や判断力、集中力、意欲など、人間らしさを司る重要な領域です。この前頭葉の働きが衰えると、「やる気が出ない」「新しいことが覚えられない」「考えるのが面倒」「感情のコントロールがうまくできず怒りっぽくなる」など、さまざまな症状が現れるようになります。例えば、しばしば耳にする「キレる老人」や「暴走老人」といった状態も、前頭葉の老化によって情動のコントロールが困難になっていることが原因と考えられます。このことからも分かるように、前頭葉の老化＝感情の老化でもあるのです。

では、前頭葉の老化は防ぐことができるのでしょうか？

実は、高齢になってからでも、脳は意識して使うことで本来の機能を取り戻すことができます。前頭葉は刺激を受けることで活性化しますので、まずは自分で考える習慣を身につけることが大切です。そして、自分が本当にしたいことは何なのかを考え、それを実行することが最も効果的です。例えば、「流行りの服を着たいけれど、恥ずかしくて挑戦できない」「髪を金色にしたいけれど、家族になんと言われるか不安」「外で働いてみたいけれど、夫からできるわけがないと言われている」など、やる前から諦めていたことがある人は、この機会に始めてみるといいでしょう。さらに、前頭葉は新たなことや予想外の出来事が大好きです。そのため、未経験のことにチャレンジしたり、夢中になれたりすることを見つけることをおすすめします。

恋愛も前頭葉への良い刺激になります。特に高齢期の恋愛は、前頭葉を元気にするためにうってつけです。恋愛をすると、予測のできない出来事が起こるものです。相手と会うためにおしゃれやメイクに気を遣ったり、食事に誘うためのレストランはどこがいいかとあれこれ探したり、相手の好みはどんなものなのかいろいろと思考を巡らせたり、正解が一つだけではない課題が次から次へと起こります。すると、前頭葉はそれに対応するためにフル回転し、活性化されるのです。

そうはいってもリアルな恋愛はできない、またハードルが高いという人には、恋愛に近い効果をもつ推し活がいいでしょう。世間では、認知症予防のためにと、「100マス計算」や「連想ゲーム」といった脳トレに励んでいる人も多いですが、実は脳トレでは前頭葉は活性化されません。

前頭葉の老化予防には「変化のある生活」や「予想外の出来事」が必要です。「(推しのために) 行ったことのない場所に足を運ぶ」「(推しのために) やったことのないことに挑戦する」「時間を忘れるほど夢中になって応援する」など、これまでになかった新たな体験が、前頭葉の活性化を大いに促し、老化を防ぐことに役立つのです。

推し活が心身の健康を高めて免疫力もアップさせる

推し活を始めると、それまで家に閉じこもりがちだった人にも、新たな外出のきっかけが生まれます。コンサートや講演に出かけたり、グッズを求めて少し遠いイベント会場まで足を運んだり、推しのゆかりの地を実際に訪れてみるなど、さまざまな活動が日常に加わります。このような外出が増えると、みっともない格好で出かけるわけにはいかないからと、身だしなみにも気を遣うようになります。推しに会うために、心を込めてメイクをしたり、髪を整えたりするうちに、心がウキウキと弾んで笑顔が増え、外見だけでなく内面も充実してくるのです。

また、別の効果もあります。

推しができて、月に1、2回ほど、コンサートやファン向けのイベントなどに参加するようになると、「次のイベントで、推しにヨボヨボの姿を見せたくない」という気持ちから、体を動かそうという意欲が湧いてくるのです。もともとスポーツをしている人や歩くのが好きな人、毎日のように外に出かけることが当たり前の人にとっては、体を動かすことは苦にならないでしょうが、普段あまり動かない人にとっては、この思いが変化をもたらします。運動不足だった人も、意欲が湧いてくることで無理なく体を動かすようになり、活動レベルが上がって、体力の向上にも繋がるでしょう。

意欲が出てくることで心が前向きになり、見た目も若々しくなると、免疫機能も向上します。みなさんご存じのとおり、日本人の死因のトップはがんです。がんを予防するために最も大切なことは、免疫機能の維持です。例えば、コロナウイルスに感染した場合でも、症状が出る人と出ない人がいます。私自身、３度もコロナ陽性と判定されましたが、症状が出たことは一度もありません。高血圧、糖尿病、心不全と、基礎疾患が三拍子そろっているにもかかわらずです。症状が出るかどうかは、ウイルスと闘える免疫力を持っているかどうかの違いなのです。

私たちの体には、体内にできた出来損ないの細胞を掃除してくれる「ＮＫ（ナチュラル・キラー）細胞」と呼ばれる免疫細胞が存在します。ＮＫ細胞の活性が高いと、がんになるリスクが低くなることが知られています。しかし、ＮＫ細胞の名付け親である順天堂大学医学部特任教授の奥村康先生らの研究によると、免疫細胞の活性は、加齢とともに低下します。具体的には、40代では20代の半分、70代では約10分の1にまで低下することが分かっています。さらに、NK細胞は、さまざまな免疫細胞と比べて、特にストレスや精神的な抑圧を感じているときに活性が低下するそうです。つまり、高齢になると、もともと免疫機能が低下しているところに、我慢を重ねるなどのストレスが加わると、免疫力が急激に落ちてしまうことがあるのです。

推し活で好きなアイドルやアーティストを応援したり、何かの活動に取り組んだりすることで、ポジティブな気持ちや高揚感が生まれ、ストレスを軽減できる効果が期待できます。ポジティブな気持ちを持つことは、免疫力を高め、がん細胞を抑制することにも繋がるのです。

推し活がもたらす非日常の時間がストレス解消に

推し活には、日常生活でのストレスをやわらげ、気分を高揚させる力があるという一面もあります。

老年医療の現場では、親を介護する家族を多く見かけます。そういった方々が日々の介護で疲れ切っているように見えるときには、「ショートステイに親を預けて、2、3日、旅行でもしてはいかがですか?」と、提案することがあります。もちろん親の状態は気になるでしょうが、日々、介護に追われることは、想像以上に心身に大きな負担がかかります。日常的に苦しい思いをしている人たちにとって、日常との連続性を絶ち、思い切った気分転換をすることは、精神的な健康を保つためにとても重要なことです。

しかし、日常から抜け出すことは、意外と難しいものです。例えば、「憧れの場所を訪ねての海外旅行」や「予約のとれない三ツ星レストランでのディナー」など、通常とは全く異なる環境に身を置かない限り、日常の連続性を絶つことはなかなかできません。人によっては、お気に入りのレストランでの食事が非日常と感じられることもあるでしょうが、真に「非日常の自分になれる場所」を見つけるのは容易ではないのです。

ゲームやバーチャルな世界に浸ることができる人は、日常と非日常をわりとスムーズに切り替えることができるかもしれません。メタバースのような仮想空間がさらに進化して、たとえ体力が衰えて寝たきりになったとしても、スイッチ一つであっという間にニューヨークの街に行けて、素敵なアメリカ人と本当に恋愛をしているような気持ちになれる世界ができたりすると、高齢期の楽しみも広がりそうです。

気軽に非日常の世界に入り込めるという点では、映画館もおすすめです。例えば、「仁義なき戦い」のような映画を観終わった後は、まるで自分がやくざになったかのような気分になって肩を怒らせて歩いてみたり、恋愛映画を観た後は自分も恋しているような気分になったり……。そんな経験をしたことのある人も少なくないのではないでしょうか？　映画館でしか味わえないあの没入感は、日常のストレスから私たちを解放してくれる貴重なものです。テレビのスクリーンがどんなに大きくなっても、同じような非日常の空間は作り出せないでしょう。アメリカなどでは、いまでも映画館で映画を観るという文化が根づいており、多くの人が映画館という異空間での非日常を楽しんでいます。しかし、日本ではその習慣が薄れてきているのが残念でなりません。ネットフリックスなどのストリーミングサービスで、昔観た懐かしの映画を繰り返し観ているばかりでは、脳は老化するばかりです。脳の前頭葉は、新しいものを観たり聞いたりすることで活性化し、若さを維持します。新作映画を映画館で観る経験は、日常との連続性を絶ち、脳を活性化させる格好のチャンスなのです。

なかには、いつも同じ場所で同じ生活をすることがラクだという人もいますが、変化のない生活を続けていると前頭葉の老化がどんどん進み、さらに変化を受け付けられなくなります。特に、歳を取ると、毎朝同じ時間に起きて、決まった時間に食事をして、決まったルートを散歩して、同じ時間に入浴をして、同じ時間に布団に入るという単調な生活に陥りやすくなります。すると、前頭葉を使う機会がないため、脳の働きは衰える一方です。また、非日常を体験する機会もないので、本当の意味でのストレス解消が困難になります。

日常から抜け出し、非日常の世界を簡単に楽しめるという点で、推し活は他の趣味とは比べものにならない効果を期待できます。「推しを見るだけで幸せな気分になる」「推しのために何かをすることが喜び」というように、誰か好きな人を推しはじめただけで、それまで単調な生活をしていた人が急に元気になったり、若々しくなったり、心に張り合いを持てるようになったりすることがたくさんあります。推し活が、日常のルーティンから抜け出すための強力な手段となるのです。

イギリスのゴールドスミス大学の研究によると、コンサート会場に20分間いるだけで幸福感が21％上昇するとされています。さらに、2週間に1回コンサートに行く習慣を持つことで、寿命が9年間延び、ライブ中の精神的な刺激は75％も上昇するという報告もあります。

このように、推し活は、楽しみながら日常のストレスを解消する手助けとなるのです。

#「推し」に集中することで不安と上手に付き合えるように

無理なく日常との連続性を絶てるということからも、推し活の最もすばらしい効果は、心の健康に役立つことでしょう。

実は、女性は男性よりもうつ病を発症しやすいというデータがあります。しかも、男女間の患者数の差は、60歳以降、より顕著になっています。2020年の厚生労働省による「患者調査」によると、うつ病・躁うつ病の患者数を同世代の男性と比較すると、60代女性は約1・5倍、70代女性は約2・5倍、80代女性は約2・7倍という数値になっています。これは大変深刻な状況です。年齢を重ねてからうつ病を発症すると、食欲低下や栄養不足を引き起こし、心身の衰えを加速させます。免疫力も低下するため、がんになるリスクも高まってしまいます。

こうしたことからも、高齢者にとってうつ病というのは、認知症以上に恐ろしい病気で、何よりも予防が重要です。

ところで、悩みごとや不安というのは、暇なときこそやってくるものです。心配ごとにばかり目を向けていると、心配な気持ちがさらに大きくなります。鬱々とした気分のときに悲観的なことばかり考えていると、どんどん気分が落ち込んでいきます。「そのことは考えないようにしましょう」と言われても、つい考えてしまうのが人間の性質です。しかし、そんなときに他に何かものすごく集中できることがあれば、心配ごとに費やしていた時間が、別のことに使えるようになります。無理に心配ごとを消そうとするのではなく、上手に目をそらす方法を見つければ、ストレスや不安をやわらげることができるのです。悩みごとや不安を忘れさせてくれる何かがあるということが極めて大切です。

ストレスをため込まないためには、なんらかの形で発散することが大切です。若いころは、仕事帰りに仲間と飲みに行ったり、友人とワイワイ騒いだりしてストレスを発散できたかもしれません。しかし、年齢を重ねて仕事も引退し、自宅にこもりがちになると、気軽に話を聞いてくれる相手も減ってしまいます。すると、些細な不安が次第に大きくなり、場合によってはうつ病に繋がってしまうこともあります。そう考えると、高齢になるほど、ストレスに対処する手段を持っておくことが重要です。

推しがいる人は、それだけでイキイキと元気になるケースが多いものです。60代になれば、仕事は第一線から退き、子育ても一段落。これまで、「仕事が生きがい」「子どもが生きがい」とがんばってきた人にとって、やりがいを失ったように感じることもあるかもしれません。そんなときこそ、推し活が新たな生きがいを与えてくれます。

「推し活なんてやったことがない」「どうすれば推しを見つけられるのか分からない」と感じる方もいるかもしれません。そんな人は、ちょっと考えてみてください。いま、大活躍の大谷翔平選手をご存じの方は多いでしょう。メジャーリーグのシーズン中は、朝のワイドショーでも頻繁に話題になります。大谷選手の活躍を見て、ファンとまではいかなくても、「応援したくなる」「見ているとなんとなく元気になる」と思ったことがある人は、推し活のセンスありです。推し活は難しいものではありません。自分の好きなもの、応援したくなるものを見つけて、それを楽しむ。それだけで十分なのです。

「自分だけの推し」を見つければ幸福度が急上昇する

推し活の面白いところは、その多様さです。先述の大谷選手は日本人からするとものすごいスターですが、先日、日本に来ているニューヨーカーと話をする機会があった際、「大谷翔平選手を知っているニューヨーカーはどのぐらいいるのでしょう?」という質問をしてみました。その答えは「25%ぐらいかな」と言います。ニューヨークでは、アメリカンフットボールやバスケットボールと比べて、野球はマイナースポーツなので、その程度の数字だろうということでした。その程度の認知度ですから、ロサンゼルスまで行けば、普通に試合のチケットを購入することもできます。大谷選手のファンであれば、現地に行って間近で試合を観戦することもできるのです。

しかし、日本人ならば誰もが知っている、大谷選手のような人を推しにするばかりが推し活ではありません。

推しの対象は、自分の好きなものでいいのです。例えば、ミュージシャンであれば、YOASOBIのような話題のアーティストを推す人が多いなかで、自分だけが知っているマイナーな地下アイドルを推しにするのもすばらしい選択です。「自分だけが応援している」という感覚は、推し活の喜びをさらに深めてくれるかもしれません。推しのためにCDを購入したり、ライブ会場に足を運んだりすることで、心弾む時間を過ごすことができます。また、街を歩いていると、スナックなどのお店に、名前も知らない演歌歌手のポスターが貼ってあることがあります。そういった、世間には知られていない歌手を応援してみるのも面白いかもしれません。応援しているうちに、その歌手が売れっ子になり、テレビ出演を果たしたら、「自分が応援したから」「自分が最初に見つけたのよ」と、特別な喜びを得られるでしょう。ただし、推し活をする際は、「自分でコントロールできる範囲で」という前提を忘れないようにしましょう。

いまのように有名になる前のAKB48を応援していた初期のファンは、ほんの数十人だったと聞きますが、そのころのファンたちはすごく濃厚な時間を過ごしたのではないかと思います。人数が少ないからこそ、何度か劇場に通ううちに、推しに顔を覚えてもらい、時には「いつも来てくれますね」なんて声をかけられることもあったことでしょう。これは、ファンにとっては大きな喜びとなったはずです。また、ファン同士の絆も非常に濃密だったと考えられます。なぜなら、メジャーなタレントよりもマイナーなタレントを応援するファンのほうが、少数派ならではのファン同士のコミュニティが生まれやすいからです。推しに出会うことで、普段の生活では交わることのなかった新たな人間関係が築けるのも、推し活の面白さの一つです。

誰にとっても「推し」は特別な存在！長く応援できる幸せも

推し活は、長く続けられるというのも、高齢者におすすめしたい理由の一つです。

たまたま、シンガーソングライターの伊勢正三さんとお酒を飲む機会がありました。その数日後、ある編集者との席でその話をしていたら、「僕、ずっと伊勢正三さんのファンなんです」と、自分がいかに伊勢さんのファンかを熱弁されたのです。伊勢さんは1971年から南こうせつさんとかぐや姫のメンバーとして活躍し、フォークシンガーのイルカさんの「なごり雪」を作詞・作曲するなど多くの名作を生み出してきました。その当時からいまに至るまで、彼をずっと応援し続ける熱烈なファンがたくさんいるのです。

また、ある日のことです。私のオフィスの近くには小さなライブハウスやライブバーがちょこちょことあるのですが、その一つで、70年代に「おそうじオバチャン」をヒットさせたブルースバンド・憂歌団のメンバーである木村充揮さんのライブが行われることを知りました。せっかくならば生で歌声を聴いてみたいと思い、当日、私も足を運びました。30人程度しか入れない小さな会場でしたが、その分、ものすごく近い距離でライブを楽しむことができ、大変感慨深い体験となりました。こういったライブを楽しむことは、私にとっても一つの推し活のようなものです。

私は桑田佳祐さんが好きで、毎週彼のラジオを聴いています。そのラジオで、シンガーソングライターの小林万里子さんの話が紹介されたことがあります。小林さんは、「朝起きたら…」という曲でデビューし、それがラジオの深夜番組で取り上げられ、大ヒットしました。私も高校生ぐらいのころによく聞いていた覚えがあります。読者のみなさんのなかにも覚えている方がいらっしゃるかもしれません。

小林さんは、いまも小さなライブハウスで歌い続けているそうで、その様子をYouTubeで見ることができます。桑田さんもその動画を見ていたのか、ラジオで、「傑作だよな～」などと言いながらその様子を取り上げていたのです。

さらに、かなり前のことになりますが、女装した桑田さんが小林さんの「朝起きたら…」をテレビ番組でカバーしたこともありました。その様子もYouTubeで見ることができます。桑田さんの様子から、どんなに大物ミュージシャンであっても、その人にとっての推しのような存在はいるものなのだということを実感しました。

このように、何年、何十年と時が経っても色あせずに惹かれ続ける推しの存在があることは、本当に幸せなことだと感じます。

推し活に特別な才能や資格は不要

私が医師になる前に志していたのは、映画監督です。中学生のころだったと思います。最初は小説家を目指して文章を書いてみましたが、全く上手くいきませんでした。ならば、歌でもやってみようとギターの練習を始めましたが、これもさっぱり上手くいきません。何をやっても成功しないと感じていたとき、ふと映画を観ながら気付いたことがありました。映画は脚本家が台本を書き、役者が芝居をして、音楽家が音楽を作って、美術の人がセットや小道具などを作ります。監督というのは、自分の思いを伝えるだけでいいのだと思ったのです。そう考えると、自分が芸術活動や創作活動をしていくためには、映画監督になるしかないと思いました。なんの才能もない自分が、クリエイティブな世界で生き延びていくというか活動をするためには、他の手段は考えられなかったというのが本当のところですが……。しかし、このことに気付いたおかげで、医師として働くようになってからではありますが、映画監督としていくつかの作品の監督をするという幸せを手にすることができました。

推し活も、私にとっての映画監督と似ていて、特別な才能や資格はいっさい必要ありません。もちろん、多少の経済的な余裕はあったほうがより充実した推し活ライフを楽しむことができるかもしれませんが、絶対に必要なのは「自分が、対象となる人（やもの・こと）を好き」という気持ちだけです。

私は精神科医なので、「高齢者の恋愛にはいいことだらけですから、恋愛でもしてみるといいですよ」なんてアドバイスすることもありますが、「諸事情が許さない」という人が多いものです。また、「歳を取ったら趣味を持ちなさい」ともよく言われますが、「私はそんなこと得意じゃない」「難しそうだ」と断られることも多いものです。みんながみんな、恋愛をしたり、立派な趣味を持ったりできるポテンシャルがあるわけではないのです。例えば、俳句を詠んだり、絵を描いたり、登山をしたりすることに興味がある人ならば、そういった趣味にぜひ取り組むといいでしょうが、興味がない場合は、いくらすすめられようと無理をしなくていいのです。むしろ、大谷選手を見ていると元気が出てくるならば、大谷選手を推しにしたらいいのです。大谷選手は好きじゃないという人は、別の誰かを好きになったらいいでしょう。そして、おそらく誰のことも好きになれない、何事にもまったく興味がないという人は、案外少ないのではないかと思います。自分が好きだと思える人や、興味のあるものに没頭することが、心に張り合いを生み、心身の健康を保って老化を防ぐことに繋がります。

最初は軽い興味から始まるものでも構いません。「この歌、なんかいいな」「この役者さん、ちょっと素敵」「この芸人さん、なんとなく面白い」といった程度でも、そう思った瞬間が始めるチャンスです。歌っている人について調べてみたり、その役者さんが出演している他の作品を探してみたり、面白かった芸人さんの動画をYouTubeで探してみたりすることで、新たな世界が広がることもあります。気になることを調べているうちに、気付いたら推しになっていた、なんていうこともあるでしょう。

推し活で財産を使い切ることは社会の進歩に貢献すること

推し活に年齢制限はありません。例えば、90歳になっても、お金さえあれば好きなアーティストのファンクラブに入って、推しを応援し続けることが可能です。これにより、「推しのためになっている」という気持ちが生きがいに繋がります。高齢になると、若いころと比べて体力は衰えるかもしれませんが、自由に使えるお金が増えている方も多いでしょう。それに、時間にも余裕があります。子どもや孫にお金を残そうと考える代わりに、推し活で財産を使い切ることを考えれば、新たな楽しみが生まれるでしょう。

例えば、韓流スターのファンが、年に何十回も韓国に行き、推しのために数百万円を使うケースがあります。一見すると無駄に見えるかもしれませんが、本人にとって生きる張り合いになるのであれば、むしろ積極的にお金を使ったらいいと私は考えます。朝のワイドショーで大谷選手を見ると元気が出るならば、思い切ってロサンゼルスに行き、野球観戦をしてみるのもいいでしょう。好きなアーティストのコンサートに出かけたり、限定グッズを購入したりするのも心が浮き立つ体験です。

推し活は、好きな誰かを応援することと言いましたが、もう少し広い意味で考えてみると、好きなものや好きなことにも当てはまります。気に入ったファッションブランドを見つけたとき、それが自分にとって高い買い物だったとしても、その服を作ったデザイナーを応援するために服を購入するならば、それも立派な推し活の一つです。かつての芸術家は、特にヨーロッパなどでは、絵描きであれデザイナーであれ、一部のパトロンに支えられていましたが、いまは多くの消費者の応援が才能を支える時代です。好きな人や好きなものにお金を使って消費を促すことは、社会の進歩にも役立つのです。

また、高齢化がますます加速するこれからの時代、高齢者がより暮らしやすくなるためのサービスを開発する人や企業を応援するというのもすばらしいことです。例えば、カメラ内蔵の腕時計型ＡＩがあったなら、それを24時間はめているだけで、ＡＩが冷蔵庫の中身を確認してくれるでしょう。買い物の際、まだストックのある食材を買おうとすると、「それは冷蔵庫にまだありますよ」と教えてくれるかもしれません。あるいは、鍵の置き場所を忘れてしまったとき、その腕時計が「何時何分に、リビングの引き出しの何段目に入れましたよ」と、細かく教えてくれたりもします。さらに、家庭用介護ロボットができれば、料理や家事をしてくれるのはもちろん、お風呂の介助をしてくれたり、おむつを替えたりすることだってできそうです。そうなれば、高額の料金を払って介護付き老人ホームに入居しなくても、慣れ親しんだ自宅で自立した生活が送れるかもしれません。こうした未来への期待も込めて、新しいものやサービスを作ってくれる人を応援する推しというのも、とても価値があることだと思います。

いっそのこと、好きなもののために財産をすべて使い切ってしまおうというぐらいの気持ちで楽しめたら、推し活はさらに充実することでしょう。

第2章
幸福寿命と「推し活」の関係

「健康寿命」はただのアンケート調査

厚生労働省が2019年に発表した日本人の健康寿命は、男性72・68歳、女性75・38歳です。健康寿命とは、「健康上の問題で日常生活が制限されることなく生活できる期間」と定義されています。そのため、日常的に歩くのがつらくなったり、寝たきりになったり、認知症と診断されたりして介護や支援が必要となった期間は、健康寿命に加算されません。世間では「健康ではなくなった」と見なされるわけです。

では、健康寿命の終わりが近づいてきたら、多くの人に介護が必要になるのかというと、そんなことはありません。実際、厚生労働省の調査でも、70代前半で介護サービスを1年間継続して使った人は、男女ともにたったの4％。70代後半でも男性約8％、女性約9％です。では、いったいなぜ、このような差が生じるのでしょう？

それは、健康寿命の算出方法に原因があります。

意外と知られていないことですが、健康寿命は厚生労働省によるアンケート調査によって算出されています。「あなたは現在、健康上の問題で日常生活に何か影響がありますか？」という質問に対して「ある」と答えると、その人は不健康で「健康寿命に達してしまった」と見なされるのです。この方法では、病気でなくても、たまたま体調がすぐれない人や、その日に限って風邪をひいている人、短期間の治療で治るケガをしている人も「ある」と答えてしまうでしょう。このように、健康寿命は、極めて主観的な内容であり、個人の感じ方によって回答に偏りが生じる可能性があるのです。

私自身は、心不全と診断されて2年ほど前から利尿剤を服用しているので、トイレの回数が多いですし、それ以前から糖尿病や高血圧も抱えています。他にも、コレステロール値や中性脂肪もかなり高いほうですし、現代医学においては病気のデパートのような人間です。しかし、これだけ多くの病気を抱えているにもかかわらず、64歳になったいまもとても元気で体力がありますし、なぜかシワもできません。仕事もバリバリできていますし、肉をしっかり食べる生活も、ワインを飲む習慣も変わらずに続けています。ですから、「あなたは現在、健康上の問題で日常生活に何か影響がありますか?」と聞かれたら、「ない」と答えます。

つまり、本質的な健康寿命とは、病気があるかないかに関係なく、「普通に仕事ができている」「やりたいことを実践できている」「日常生活を楽しめている」と自分が感じているかどうかにあるのです。そういう意味でも、好きな人やものを応援することで日常を十分に楽しめている場合は、推し活が健康な期間の延伸に大いに役立っているといえるでしょう。

最も幸福度が高いのは82歳以上

超高齢社会のなか、年齢を重ねることに対して、「頭や足腰が衰えて、家に閉じこもりがちになる」「病気がちになり、わずかな年金でつましく暮らすしかない……」「いままでのようにアクティブに動けなくなる」など、ネガティブなイメージを持っている方も多いかもしれません。

しかし、そうした固定観念を覆す興味深い研究結果があります。アメリカのダートマス大学の経済学者、デイビッド・ブランチフラワー教授らが行った、世界132か国を対象とした調査によれば、人生の幸福度は82歳以上で最高値に達することが判明しました。つまり、歳を重ねるほどに幸せになる傾向があるというのです。

この現象は「幸福のUカーブ」と呼ばれるもので、人生の幸福度は18歳から徐々に低下し、47〜48歳で最も低くなるものの、その後再び上昇、82歳以上で最高値に達するというものです（図1）。この曲線がアルファベットのUの形に似ているため、この名が付けられました。

興味深いことに、この幸福のUカーブは、先進国、発展途上国、欧米、アジアを問わず、世界共通の現象です。社会的な状況や人種に関係なく見られるもので、日本も例外ではありません。日本の場合、幸福度が最も低いのは49歳で、最も高いのは82歳以上という結果が出ています。では、なぜ82歳以上で幸福度が高くなるのでしょうか？

それは、年齢を重ねることで、自分の人生に対する価値観が変わっていくからではないかと

図1【幸福度はU字カーブを描く（2010〜2012年）**】**

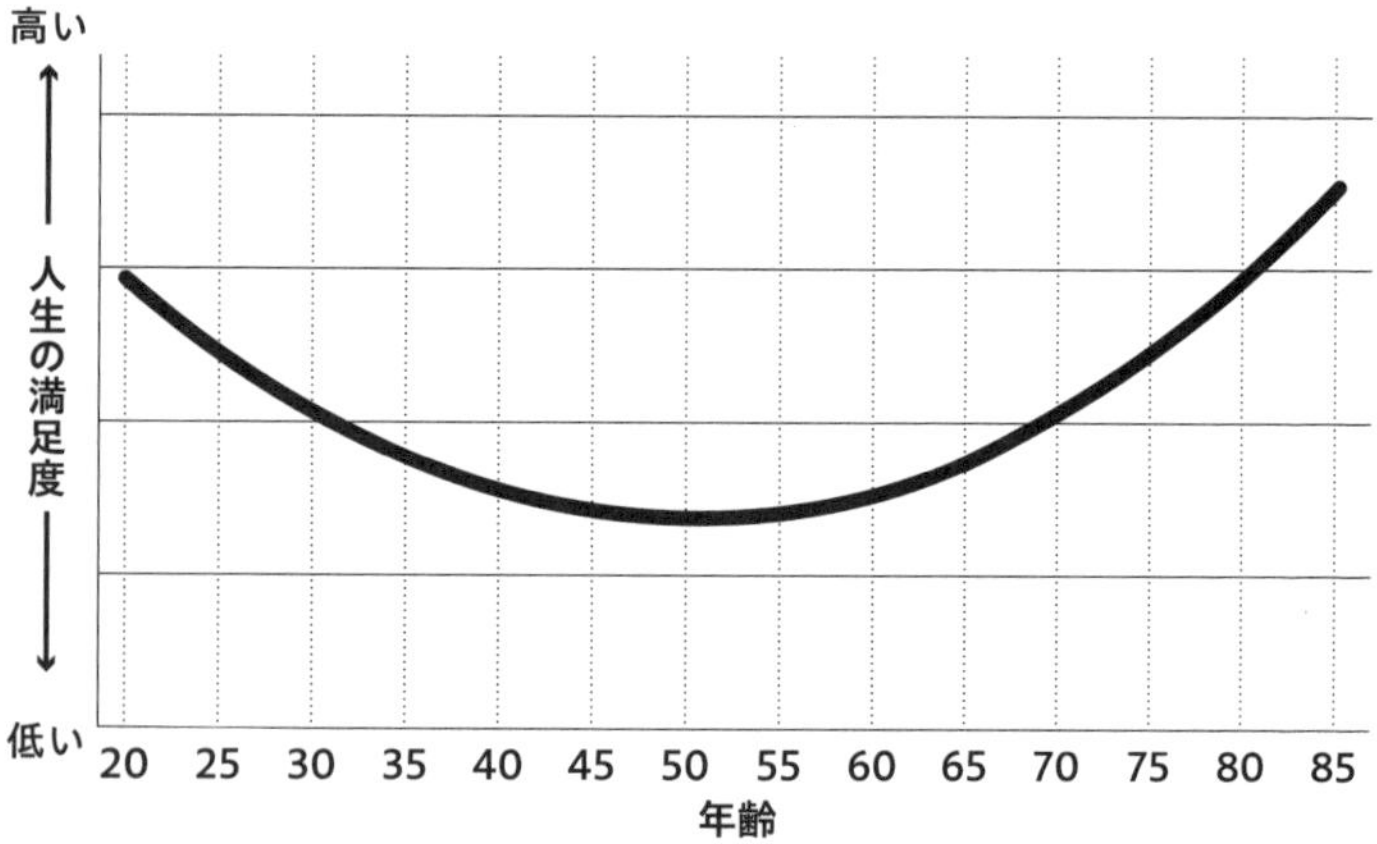

出典：ギャラップ世界調査　米国ブルッキングズ研究所調べ　※年齢以外の要因を差し引いて調査したもの。

考えられます。例えば、82歳になると、体の状態は人それぞれです。身体機能は衰えていき、物忘れも増え、寝たきりになって介護が必要になる人や、重病を患う人もいるでしょう。ある日突然、「昨日までできていたことが今日はできない」ということも経験するかもしれません。だからといって、歳を重ねてヨボヨボになったり、物忘れが増えたことを悲しんだりする人ばかりではありません。そうした状況のなかでこそ「自分は普通に歩けていて幸せだ」「こうして普通に日常を過ごせることが幸せ」と感じるようになる人もたくさんいるのです。幸せとは主観的なものであり、自分がどう考えるかによって変わってくるものだということでしょう。

一方で、49歳という年齢は、他人と比べて自分がどうかが気になる時期です。「同期のあいつは部長なのに自分はまだ課長だ」とか、「お隣の子は東大に入学したのに、うちの子は……」といった具合に、周囲と比較して幸せかどうかを判断しがちな年齢です。しかし、他人と比べて優位に立ったとしても、それで「幸せだ」と感じられる人は、そう多くはないでしょう。他人と比べている限り、人生の幸福度が上がる可能性はあまり見込めないのです。

推し活が幸福寿命を延ばす

先述の健康寿命の他に、平均寿命や平均余命も最近は聞き慣れた言葉でしょう。では、「幸福寿命」という言葉をご存じでしょうか？　幸福寿命とは、健康かそうでないかに関わらず、心から幸せを感じられる期間をどれだけ長く保てるかという考え方です。人生１００年時代といわれる現代で、この幸福寿命を延ばすことは、ますます重要になるでしょう。そのための手段として、私はみなさんに推し活を強くおすすめします。

推し活をすると、幸せな自分を発見しやすくなります。「好きなアーティストのコンサートに行くことが何よりも幸せ」と感じたり、「推しを見るだけで元気が湧いてくる」と思ったりすることもあるでしょう。そんなふうに思えている人は、幸福感が高く、自ずと幸福寿命も長くなるものです。

オーストリアの精神科医であるアルフレッド・アドラーは、「人は、ありのままの自分を受容し、無条件で他者を信頼するなかで、私は誰かの役に立っているという貢献感を実感すること。それこそが幸福である」と言っています。推し活のいいところは、本来、わがままで自己中心的であるはずの人間が、推しのために生きることで喜びを得られるというところです。そうすることで、ときめきや喜びが生まれて日々の生活に彩りが加わり、毎日を心豊かに過ごすことができます。

推し活は、誰にとっても魅力的なものですが、特に高齢者には有意義なことばかりです。例えば、足腰が以前のように動かせなくなって自由に外出することが難しくなったとしても、自宅で推しのコンサート映像を観ることで、感動やときめきの時間を持つことができます。また、推しを応援するためのグッズを作ったり、心のこもった手紙を書いたりすることも、自分のペースで楽しめる活動です。こうした創造的な活動は、年齢に関わらず思いがけない充実感をもたらし、幸福感を高めてくれます。

第1章でもお伝えしましたが、できれば誰もが知っているメジャーな人よりも、マイナーな人を推したほうが、より深い幸福感を得られる傾向があるようです。自分だけの推しを見つける喜びは、他者との比較から解放され、純粋な満足感をもたらします。

もしも推し活の対象を見つけることができれば、それだけで幸福な時間が増え、普段の暮らしがイキイキとしたものになるでしょう。いつからでも、始めるのに遅すぎることはありません。大切なのは、自分が好きだと思うことを自分のペースで楽しむことです。他人と比べたり、無理をしたりする必要はありません。自分にとって心地よい推し活のスタイルを見つけ、それを楽しむことが、真の幸福感に繋がります。

「推し活度」と「生きがい」は連動して変化する

サントリーウエルネス株式会社生命科学研究所などの発表によると、推しの存在と幸福度の関係性には相関があることが明らかになっています。この研究は、地元サッカークラブを応援する「Be supporters！（ビー サポーターズ！、以降「Ｂｅサポ！」）」（詳細はＰ98参照）という活動に参加する高齢者施設の利用者を対象に、推し活をすることと、高齢者の生きがいや幸福度との関係性を調べたものです。結果は、14名の利用者のうち5名で「推し活度」と「生きがい」が連動して変化していることが確認されました。ここからは、変化が確認された3名の例を紹介しましょう。

Aさん（60代・女性）は、以前はいすから立ち上がるのも困難な状況でした。しかし、「B

eサポ！」の活動に参加したのとほぼ同時期にリハビリに取り組みはじめ、いまでは自分で立ち上がれるようになり、生活がラクになったそうです。介助する職員の負担も軽減し、要介護度が5から4に回復しました。もともと話好きだった彼女は、施設の職員とのコミュニケーションもより活発になり、冗談を言い合うほど元気になりました。

入所した当初、泣いてばかりいたというBさん（80代・女性）は、サッカー応援のおかげで周囲の人との関係性が改善した好例です。脳梗塞で倒れてから生活が変わり、イライラして衝突の多かった娘さんとの仲も、「Beサポ！」の活動をきっかけに改善しました。「選手の名前を覚える」「選手へメッセージを書く」といった活動自体がリハビリになり、入所時は要介護4だったものが、現在は要介護2と思われるほど回復しています。

認知症の症状を抱える90代の女性Cさんは、どの選手が誰かということは覚えてはいないようです。しかし、そういったことが分からなくてもまわりで応援活動が盛り上がっている雰囲気を楽しむ様子が見られます。高齢になると水分の摂取は非常に大切ですが、Cさんの場合、普段は自発的に水分を摂ることが少なく、水分を摂ってもらうのもひと苦労でした。しかし、応援活動中は、自分からゴクゴクと水分を摂っているそうです。また、サッカー観戦のためにスタジアムに行くときには、道中にあるスポーツバーに寄り、オレンジジュースで喉を潤すことも。この活動を機に、スポーツバーのスタッフの方々との交流も生まれたそうです。

次ページの図2は、5名の推し活度と生きがい意識尺度（Ikigai-9、一部改変）を表したものです。推し活度は、活動の頻度や内容（試合観戦や交流会への参加経験など）に加え、「推しの選手の名前や背番号を覚えている」「応援している選手のことが普段の生活で会話に出てくる」といった、3つの項目を総合的に判断。生きがいについては、「自分は幸せだと感じることが多い」「何か新しいことを学んだり、始めたいと思う」「自分は何か他人や社会のために役立っていると思う」「心にゆとりがある」「いろいろなものに興味がある」「自分の存在は、何かや、誰かのために必要だと思う」「生活がゆたかに充実している」「自分の可能性を伸ばしたい」「自分は誰かに影響を与えていると思う」という9つから成る生きがい意識尺度

「Be supporters！」は、高齢者向け福祉施設に入所する高齢者や認知症の方が、地元サッカークラブの応援サポーターとして活動する取り組み。現在、延べ１万人が参加しています。写真提供／社会福祉法人 射水万葉会 天王寺サポートセンター

図2【推しがいて、推し活度と生きがいが連動して変化した利用者】

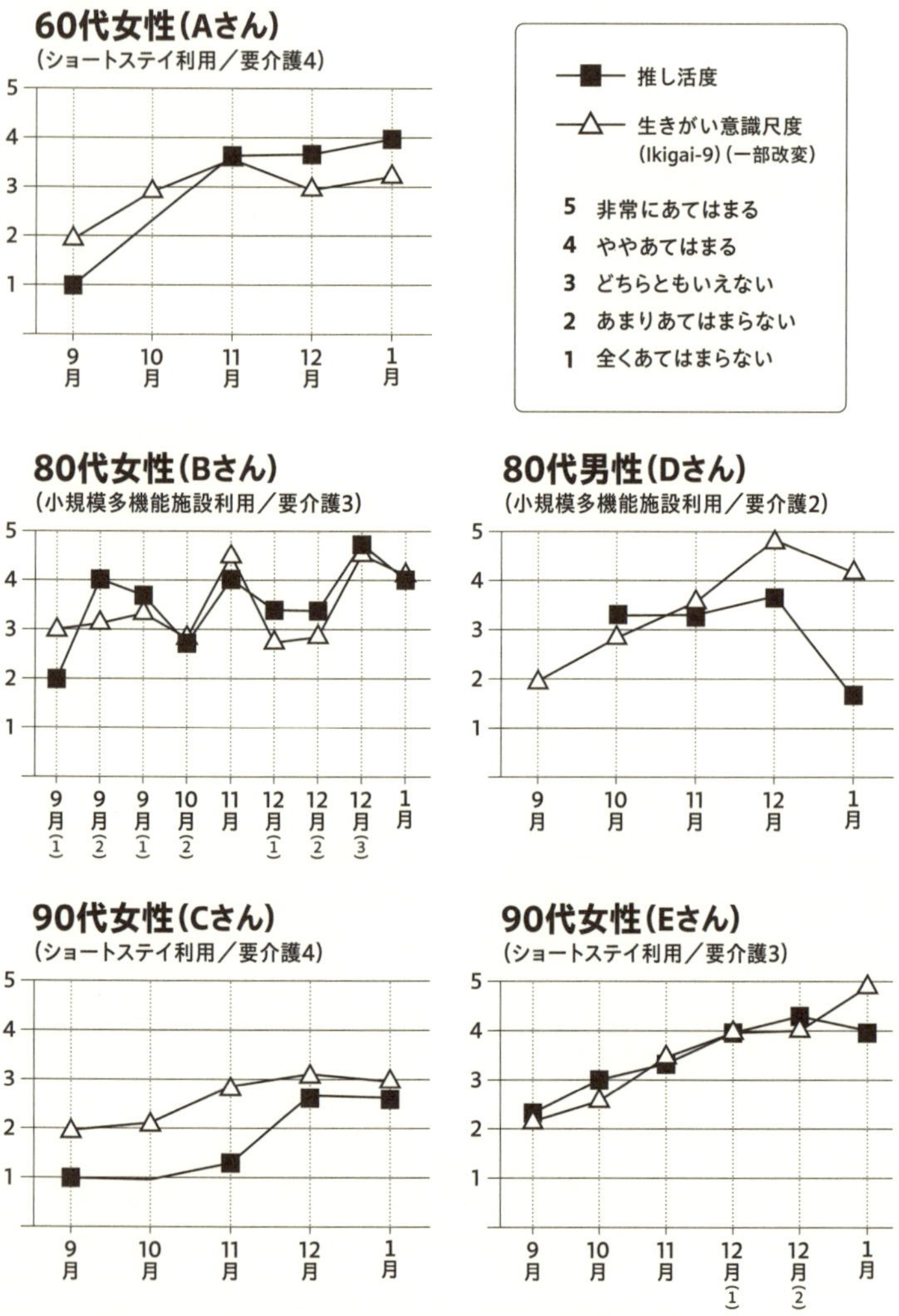

出典：サントリーウエルネス株式会社生命科学研究所、京都大学、大阪公立大学による共同研究「介護施設利用者の生きがい形成　—Be supporters！の活動事例分析—」。

（Ikigai-9）から、今回の研究対象に合わせて改変した質問項目を設定し、その回答に基づいて判断しています。前述の3名は、この研究結果から、推し活度が高まるにつれて、生きがいも比例するように高まっていることが分かりました。

サントリーウエルネス株式会社はこれを受けて、人生100年時代を幸せに過ごすためには、人との繋がりの質と量の豊かさが鍵になるのではないかと考えているそうです。推し活など、誰かのために何かをすることで、心がワクワクと動くことを出発点に、それが周囲に伝わり、仲間や役割ができたり、誰かに認められたりします。それらによって豊かな繋がりが少しずつ醸成され、幸福度の向上に繋がると考えられるとしています。

この結果を見て、やはり思っていたとおりだなと、私はとても納得しました。要介護状態や認知症になると、身体機能のいろいろなところが衰えてしまいます。しかし、そういった方が何かに対してモチベーションを持てるようになったり、生きがいを感じるようになったりすると、元気を取り戻すことができるのです。サッカーの応援に取り組んだり、推しの選手ができたりすることで、そういった意欲が湧いてきたということだと思います。

高齢者向け介護施設のいちばん難しい問題は、利用者の意欲低下です。それを防ぐために、みんなでダンスや体操をしたり、カラオケを歌ったり、折り紙をしたり、いろいろなアプローチが試みられています。そういったことに取り組んで元気になる人もいますが、そうでない利用者も少なくありません。そんななか、サッカーチームや選手の推し活を通して元気になる人がいるというのはすばらしいことですし、どんどん取り入れていくべきだろうと考えます。

同研究では、特徴的な変化が観察された5名について、「選手にサインを求めるようになる」「ブラジル人選手を応援するためにポルトガル語の勉強を始める」「地域の住民やサポーターに声をかけられるようになる」といった具体的な事象を分析したところ、ウェルビーイング（詳細はP71参照）に関わる先行研究を参考に、いわゆる繋がりの力である社会関係資本[※1]と自己実現に向けた人間の基本的欲求を理論化した段階

図3【段階的欲求】

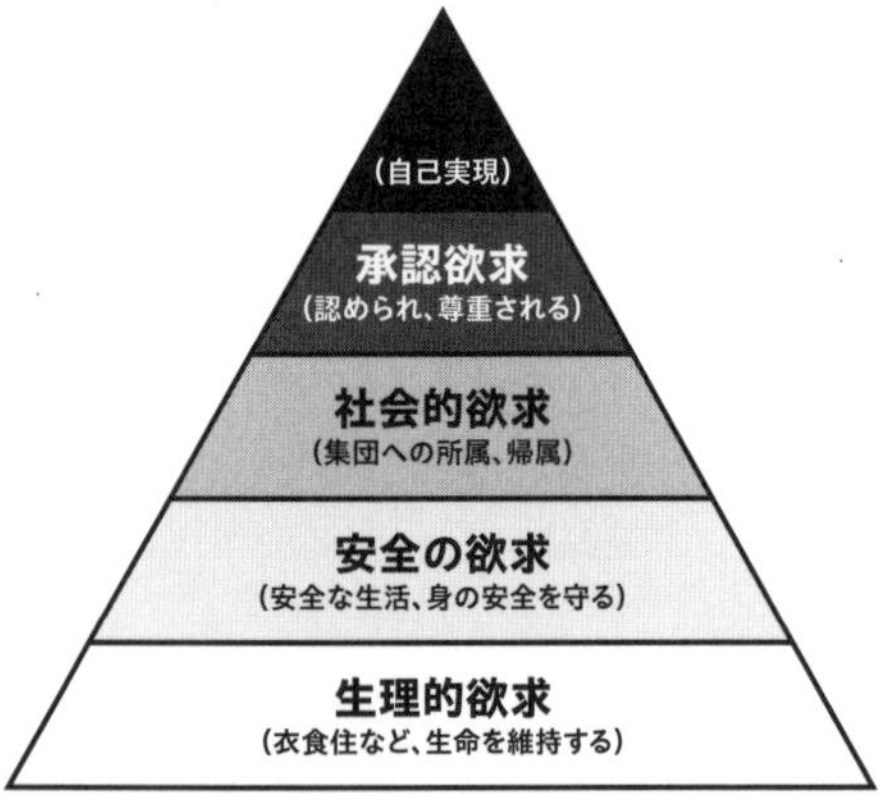

「マズローの欲求段階説」に基づき、サントリーウエルネス株式会社 生命科学研究所が作成。
「マズローの欲求段階説」は、米国の心理学者アブラハム・マズローが著書「人間性の心理学」の中で提唱した、人間の欲求を5段階の階層で説明した心理学理論のこと。

※1：人と人の関係性を資本として捉える考え方で、米国の政治学者、ロバート・パットナム氏によって「個人間の繋がり、すなわち社会的ネットワーク、およびそこから生じる互酬性と言頼性の規範」と定義された。英語では「ソーシャル・キャピタル」。

的欲求（図3）が進んでいると考えました。ここからは、そのうちの2名のケースを紹介します。

1人目は、「Ｂｅサポ！」の活動をきっかけに、「役割ができた」という80代の男性・Ｄさんです。Ｄさんは、入居した当初、他の利用者と取り組む活動はいっさいやらないと拒否し、一人でいすに座り、孤立していることが多かったそうです。しかし、「Ｂｅサポ！」に加わったところ、応援するサッカーチームのポスターを貼ったり、イベント時に机やいすを動かすのを手伝ったり、スタジアムに行ったときには女性利用者の車いすを押してあげるなど、職員の手伝いを始めました。そうするうちに、それまで話をしたことのなかった女性の利用者や職員とも会話を楽しむようになり、コミュニケーションがとりやすくなったそうです。普段は、ひざが痛くて運動や歩行練習を嫌がることが多いのですが、手伝いのときには積極的に体を動かすなどの変化も見られるようになりました。次ページの図4は、自分に役割ができたことが自己肯定感に繋がったことが分かるＤさんのケースレポートです。

2人目は、90代の女性・Ｅさんです。以前入居していた施設では、他の利用者への敵対心が強く、トラブルも起こしていました。現在の施設に移った当初も、被害妄想が見られ、気難しい性格で、コミュニケーションが難しい人だったそうです。しかし、「Ｂｅサポ！」に参加してから、社交的になり、多くの人と交流するようになりました。他の利用者とのトラブルも減

図4【ケースレポート】

Dさん／ 80代男性／小規模多機能施設利用／
要介護2

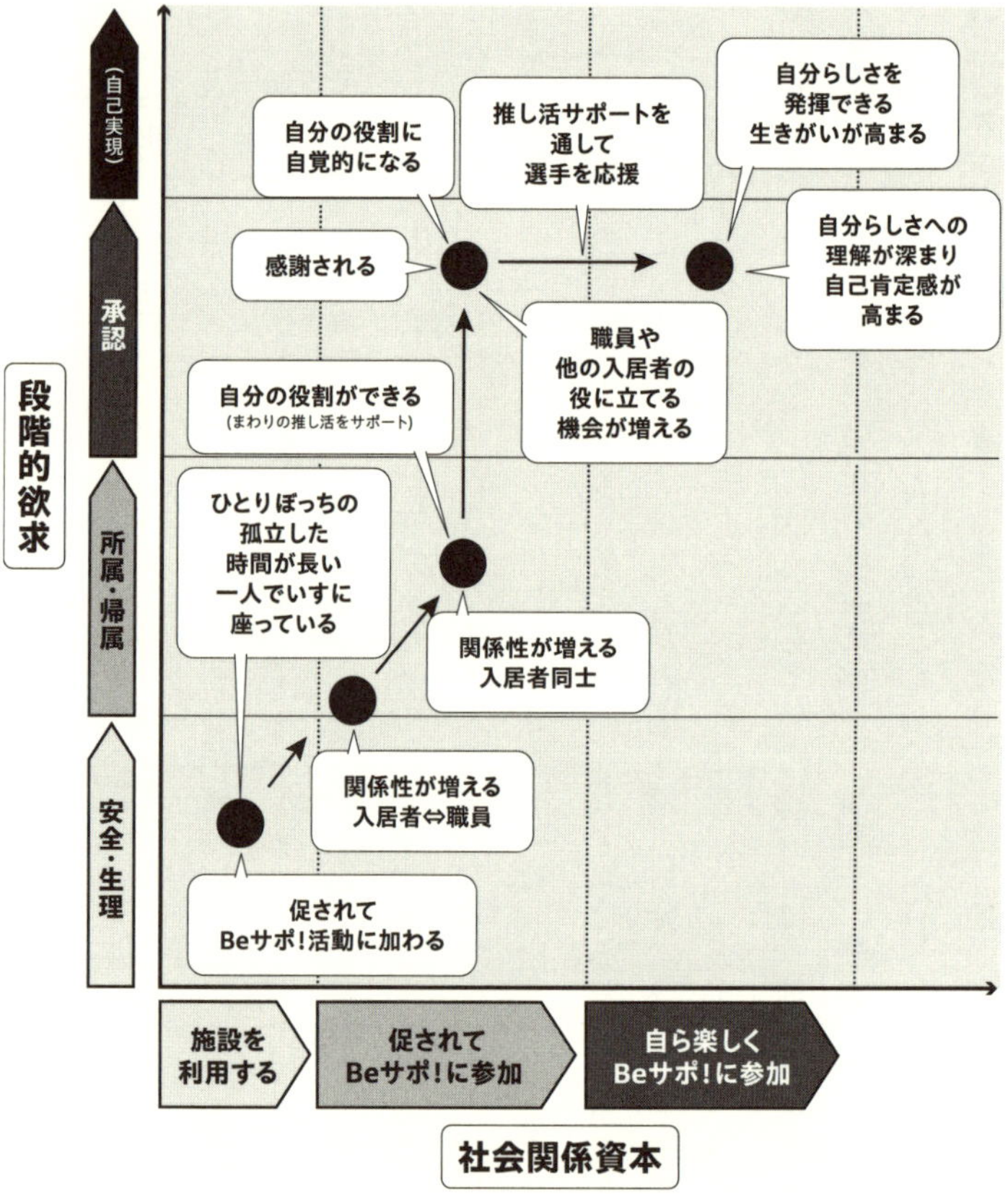

出典：サントリーウエルネス株式会社生命科学研究所、京都大学、大阪公立大学による共同研究「介護施設利用者の生きがい形成　—Be supporters !の活動事例分析—」。

り、自分から声をかけるなど、いまではすっかりムードメーカーとして知られる存在になっています。推しの選手が施設を訪れた際も、「サインをください」と積極的に話しかけ、その場の雰囲気を盛り上げていました。次ページの図5は、「Ｂｅサポ！」での応援活動によって、社交的になり、場のムードメーカー的な存在へと変化したＥさんの変化を示すケースレポートです。

Ｄさんのケースを見ると、やはり男性にとって、社会のなかでなんらかの役割を持つことが重要であることが示されていると思います。サッカーの応援を通じて、自分に役割ができたことで自己肯定感が上がったのでしょう。Ｅさんは、サッカーの応援をするなかでワクワクした気持ちや楽しみが生まれ、意欲も向上されたように見えます。活動を続けているうちに人との繋がりも生まれ、自分なりの目標や生きがいが高まっていったのです。

今回の研究では、14名のうち5名で推し活度と連動して生きがいが変化しています。つまり、3割の人が効果を感じているということです。高齢であること、障害を抱えていることを考えると、今後に期待ができる数値だと思います。

図5【ケースレポート】

Eさん／ 90代女性／ショートステイ利用／要介護3

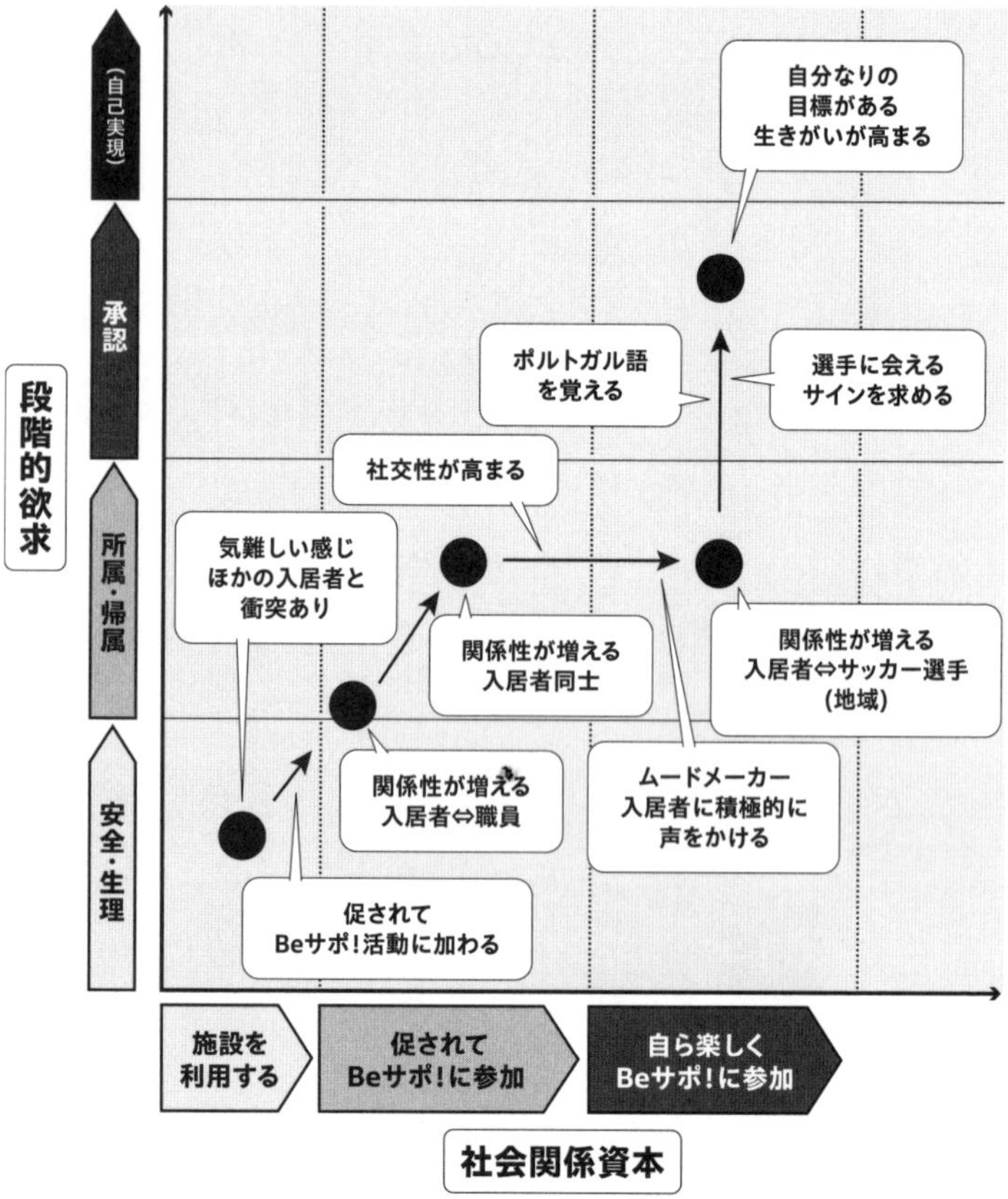

出典：サントリーウエルネス株式会社生命科学研究所、京都大学、大阪公立大学による共同研究「介護施設利用者の生きがい形成　―Be supporters！の活動事例分析―」。

「自分が幸せかどうか」が推し活の基本

前述の研究では「中高年における推しを含む応援活動とウェルビーイングとの関係性の調査」も行われています。ウェルビーイング（Well-being）は、well（よい）とbeing（状態）からなる言葉で、世界保健機関（ＷＨＯ）憲章による「健康の定義」において、「健康とは、病気でないとか、弱っていないということではなく、肉体的にも、精神的にも、そして社会的にも、すべてが満たされた状態にあること」（日本ＷＨＯ協会訳）として使われたことによって広まった概念です。心身が単に健康というだけでなく、「幸福である」「イキイキとしている」といった状況も含んだ概念と考えられています。

調査は、20歳以上の男女合計２１６０名を対象に、アンケートを実施。その結果、応援活動全体の実施率は、ボランティア11％、チャリティ11・5％、推し活6・3％でした。ボランティアとチャリティは年代と共に実施率が増加する一方、推し活は減少するという傾向を示しています。男女別の実施率は、ボランティアとチャリティは同程度か男性のほうがやや多めの傾向がありましたが、推し活は20代から70代以上まで、すべての年代で女性のほうが多く実施していました（図6）。

「推し活の対象は誰か」を聞いた質問では、男女ともに年齢が高くなるほどアイドルが減少。特に女性の場合、70代以上になるとスポーツ選手を推している人が約33％と、最も多くなっています。また、「推し活の経験年数」は、年齢が上がるほど長期にわたる傾向があり、60代女

図6【応援活動の実施割合】

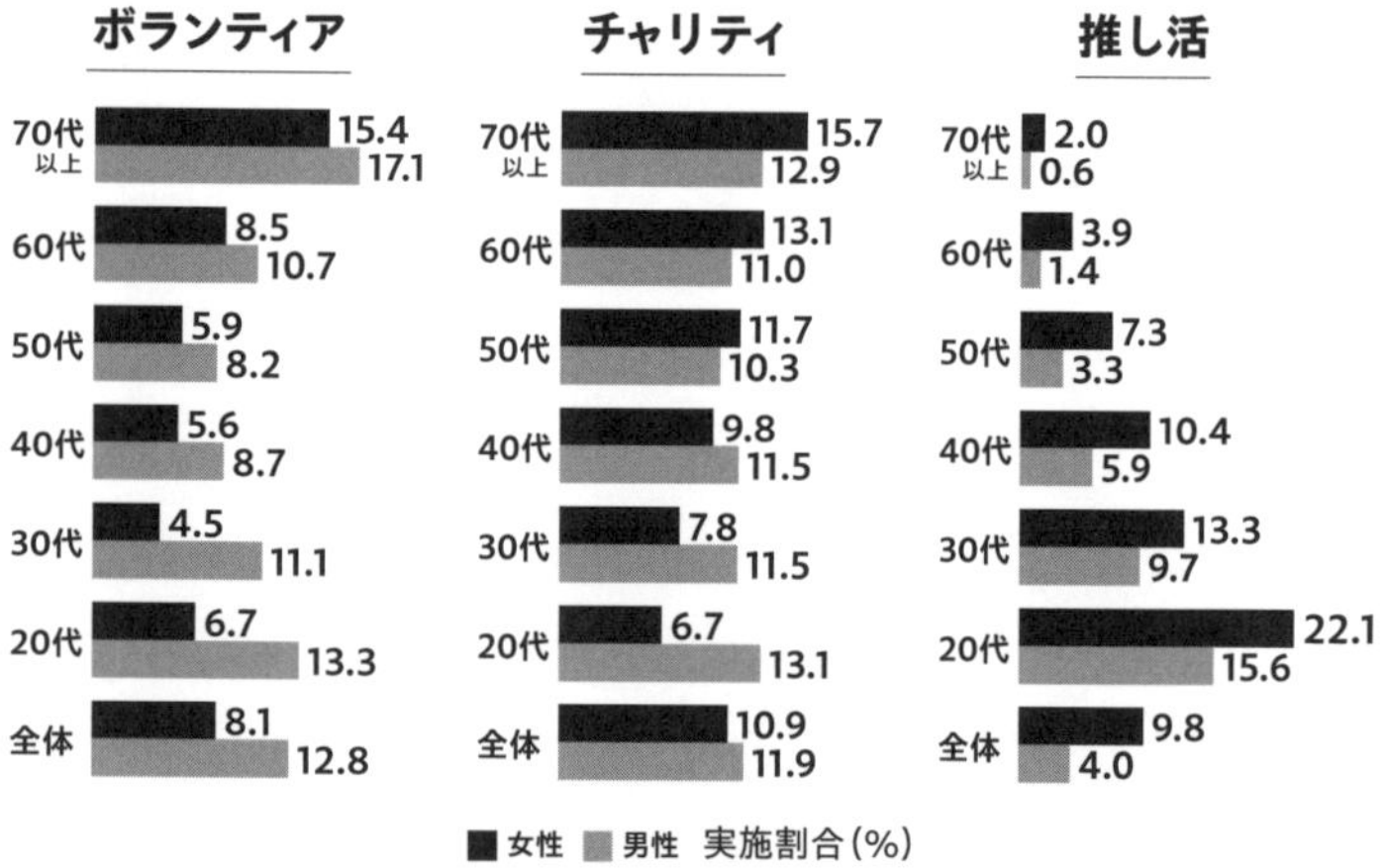

出典：サントリーウエルネス株式会社生命科学研究所「推し活アンケート結果」（2023年実施）

図7【1年間に推し活に使う費用のアンケート】

	1千円未満	1千円～1万円未満	1万円～5万円未満	5万円～10万円未満	10万円～50万円未満	50万円～100万円未満	100万円以上
全体	5.8	16.2	31.1	22.7	17.5	4.1	2.5
男性	7.4	16.7	30.0	21.4	15.2	4.9	4.4
女性	4.2	15.8	32.2	24.0	19.8	3.3	0.7
20代	5.1	15.3	26.6	26.6	17.5	6.2	2.8
30代	3.8	14.6	33.8	24.2	15.9	4.5	3.2
40代	5.9	15.1	30.3	23.7	19.1	2.0	3.9
50代	6.9	13.0	35.9	19.1	19.1	4.6	1.5
60代	5.6	16.0	31.2	24.8	15.2	4.8	2.4
70代～	8.9	27.8	30.0	13.3	18.9	1.1	0.0
男性20代	5.6	19.1	32.6	22.5	10.1	5.6	4.5
男性30代	5.1	11.4	30.4	27.8	16.5	2.5	6.3
男性40代	6.8	12.2	28.4	25.7	17.6	4.1	5.4
男性50代	8.1	12.9	33.9	12.9	21.0	8.1	3.2
男性60代	8.2	18.0	26.2	19.7	16.4	6.6	4.9
男性70代～	14.3	33.3	26.2	14.3	9.5	2.4	0.0
女性20代	4.5	11.4	20.5	30.7	25.0	6.8	1.1
女性30代	2.6	17.9	37.2	20.5	15.4	6.4	0.0
女性40代	5.1	17.9	32.1	21.8	20.5	0.0	2.6
女性50代	5.8	13.0	37.7	24.6	17.4	1.4	0.0
女性60代	3.1	14.1	35.9	29.7	14.1	3.1	0.0
女性70代～	4.2	22.9	33.3	12.5	27.1	0.0	0.0

出典：サントリーウエルネス株式会社生命科学研究所「推し活アンケート結果」

性では10年以上という人が50%、70代以上でも約48%となっています。さらに、「1年間に推し活に使う費用のアンケート」（P73図7）では、男女ともに1〜5万円という回答が多かったのですが、70代以上の女性においては10〜50万円と答えた人が約27%にも上っています。

また、この調査を分析した結果、推し活はボランティアやチャリティに比べて「ときめき」や「高揚感」といったポジティブ感情が優位に高い数値を示したことも分かっています。さらに、若年者と比べて中高年の推し活では、推し活へのポジティブ感情に加えてウェルビーイングの向上に対する貢献度が大きい可能性も明らかになっています。

この調査のなかで、注目すべきと感じたのは、まず一つ目に、推し活とボランティアやチャリティとの違いです。もちろん、ボランティアやチャリティに取り組むことはすばらしい活動ですが、どちらもまわりからの評価や世間が褒めてくれるといったことが満足度に繋がっていく活動です。しかし、こういった活動は、心身が衰えて動けなくなると、続けることが困難となり、そうした世間からの評価を得る機会も失ってしまいます。すると、できなくなったことへのネガティブな感情を持ちやすくなってしまうのです。その点、推し活は自分が楽しんでいるか、幸せかどうかが重要であり、周囲の評価は関係ありません。この点が他の応援活動と推し活が一線を画する部分なのです。

二つ目に、70代位上の女性の推し活へのお金の使い方です。今回のデータから分かったのは、年齢を重ねた女性のほうが、好きなものに対して思い切ってお金を使えているということです。先にも言いましたが、私は歳を取るほど、お金は使ったほうがいいと考えています。しかし、こういった推しのように自分が好きなものでもない限り、歳を取るとだんだんお金を使う機会が減っていくのも事実です。お金を使えば、その使ったお金に対する充足度や満足度が上がるものです。そういう意味でも、推しにお金を使うことは、まさに自分の好きなことに投資し、幸福度を高めることに繋がるのです。

また、調査から改めて考えさせられるのは、やはり高齢になると、若者と比べて幸せや楽しみ、ときめきという経験が少なくなるということです。だからこそ、誰かを応援することによってときめくことに意義があるのでしょう。普段「私の人生はつまらない」と思って生活をしている人が、推し活のようなことを趣味にして、ときめく対象が生まれることで、やる気が出てきたり、お金を使うようになったり、考え方も前向きになったり、新たな役割が生まれたりします。そうすることで、心も体も元気になり、若々しくいることができるのでしょう。

日本という国は、どちらかというと他人から褒められることを重視する社会です。特に、いまの高齢の方々は、子どものころからそういった教育を受けてきたので、他人の目を気にせずに、自分が心から楽しめることを見つけるというのは少しハードルが高いかもしれません。しかし、そういった協調性への刷り込みや価値観を打ち破っていくことこそが、この先の幸せに繋がるはずです。

「急にやる気が落ちた」は男性更年期障害かも

60歳を過ぎても若々しく活力を保つために欠かせない要素の一つに、男性ホルモンの存在があります。意外に思われるかもしれませんが、これは男性だけでなく、女性にも当てはまるということは、第1章でも説明しました。女性の場合、閉経後はむしろ男性ホルモンが増えることで、活動的になり、人付き合いが積極的になる方が多く見られます。これが、シニア女性が元気に輝いている理由の一つかもしれません。

一方、男性は、年齢とともに男性ホルモンの分泌が徐々に減っていくことで、疲れやすくなったり、めまい、発汗、不眠などの症状が現れたりすることがあります。また、集中力や記憶力の低下、意欲や好奇心の減少といった精神面での不調も見られるようになります。これらの症状は、いわゆる男性更年期障害と呼ばれるものです。年齢を重ねれば、誰しもやる気や好奇心は薄れていくものですが、もし年齢以上にガクッとやる気が落ちたように感じたら、男性更年期障害の可能性も考えてみるといいでしょう。

米国ボルチモアでの有病率に関する縦断調査によると、60代の20%、70代の30%、80代の50%がこの病気にあたるレベルの男性ホルモンの低下が認められるとされています。また、症状が現れるレベルで考えると、50歳以上の8%が該当するといわれています。日本の場合、正確な統計はありませんが、食生活や性生活を考えると、アメリカよりもずっと多いのではないかと私は考えています。ただ、男性更年期障害の場合は、治療で男性ホルモンを補充すると、驚くほど意欲が回復するケースが多いのです。ですから、もしも男性更年期障害が疑われる場合は、ぜひ病院で男性ホルモンの数値を確認してもらうことをおすすめします。

実は、この男性ホルモン補充療法は女性にとっても有効なものです。少量の男性ホルモンを補うことで、女性も意欲が湧いてきて、毎日を元気に過ごすことができるようになります。私の患者さんのなかには、この治療で仕事の能率が上がったと喜んでいる女性の経営者やクリエイターの方もいらっしゃいます。男性の場合は、注射での投与が多いですが、女性の場合は、少量の飲み薬でも十分効果を実感できることが多いようです。

自費診療であるため金額は決して安くありませんが、人生の後半をより若々しく、豊かに過ごすためと考えれば、検討する価値があるのではないでしょうか。

男性更年期障害の予防には、「肉をしっかり食べる」

治療以外にも、日々の生活のなかで意識してほしい男性更年期障害の予防法がいくつかあります。

一つ目は、肉をしっかり食べることです。男性ホルモンの分泌を減らさないためであるのはもちろん、筋肉量を減らさないためにも大変重要です。高齢者にとって肉を食べることは、健康維持の鍵であると私は考えています。アメリカ人は1日に平均約300グラムの肉を食べるといわれます。一方、日本人は約100グラムしか食べていません。「メタボ予防には、肉を少なめに」という声もよく聞きます。実際、特定健診などでそう指導されたことがあるという人も少なくないかもしれません。しかし、世界中のさまざまな統計データを見ると、最も長生きしている人は、BMIの数値が25~30の人だといわれています。つまり、ややぽっちゃりした小太りの人がいちばん長生きしているということです。日本でも、40歳時点の平均余命が最も長いのは男女ともＢＭＩが25〜30という5万人規模の調査結果があります。この調査では、やせ型の人のほうが、やや太めの人より6〜8年短命であることが分かっています。

体重を減らし、肉をひかえる生活を続けると、コレステロール値が下がります。それに伴い、男性ホルモンも確実に減少してしまいます。コレステロールは男性ホルモンであるテストステロンの材料となりますから、当然のことでしょう。男性ホルモンは活力の源であり、毎日をイキイキと過ごすために欠かせません。さらに、コレステロール値が下がると体の免疫機能が落ちるので、がんの発症リスクが高まります。日本人は、がんの死亡率が高いことを考えると、コレステロール値は少し高めの方が望ましいのではないでしょうか。むしろ低すぎるほうが問題になると、私は考えています。

いくつになっても「ときめき」や「スケベ心」は必要

二つ目は、ときめきやスケベ心を恥ずかしがらないことです。これは日本人全般にいえることですが、日本の文化には、性的なものを極端に避ける傾向があります。例えば、先進国のなかでも、ポルノが厳しく規制されているのは日本くらいでしょう。しかし、異性に興味を持つことは、男性ホルモンの分泌を活性化させるわけですから、もう少し自由な気持ちで捉えてもいいのではないでしょうか。そうはいっても、大っぴらに性的なことに興味があるとは言えないという方も多いと思います。

そんなときにおすすめしたいのが、推し活です。例えば、アイドルやミュージシャンのファン活動を楽しんだり、好きな女優を応援したり、アニメや映画に登場する好きなキャラクターに夢中になるのもいいでしょう。また、身近にいる誰かを推しにしたり、キャバクラやホストクラブで疑似恋愛を楽しむのも一案です。

推しがいるだけで、忘れていたドキドキ感を再び体験でき、青春を取り戻したように感じられることでしょう。

心は自由に。でも行動は慎重に

いくつになっても、異性との交流は若々しさを保つことに良い影響を与えます。しかし、近年のセクハラ問題への意識の高まりから、異性との接し方に戸惑いを感じている方も少なくないかもしれません。実はこういった風潮が、男性ホルモンを減少させて、老化のスピードを早める要因の一つになっているように感じています。

「ちょっと声をかけただけでセクハラ扱いされる……」「いったいどこまでがセクハラなのか分からない……」という悩みをお持ちの方も多いかもしれません。もちろん、セクハラ自体は絶対にいけないことですし、人間関係において適切な距離を保つことは非常に重要です。それでも、女性に「かわいいね」と声をかけたり、食事に誘ったりするだけで過敏に反応され、セクハラとされることに違和感を覚える方もいるでしょう。例えば、人気俳優の木村拓哉さんが同じように声をかけた場合、もしかしたら多くの女性は喜ぶかもしれません。一方、普通の中高年のおじさんが同じことをすれば「セクハラ」と受け取られ、「気持ち悪い」とか「怖い」などと言われ、問題視されることがあります。この差に不満を感じるのも無理はないでしょう。

しかし、少なくとも異性に関心を持ったり、一緒に語り合ったりすることが、男性ホルモンや女性ホルモンの増加に繋がるのは事実です。もっとフランクな交流が許されてもいいのではないかと私は思うのです。少なくとも「あの人素敵だな」と思う気持ちは、年齢に関係なくすばらしいものです。心の中で思うことは自由ですし、心は自由でいるほうが、若々しくイキイキと過ごせるでしょう。

ただし、行動に移す際には、相手や周囲の気持ちをしっかりと考慮することが重要です。「心は自由に、行動は慎重に」と覚えておいてください。

好きなものへの思いが認知症の進行を遅らせる

認知症について、多くの人が誤解をしていることがあります。認知症とは基本的に認知機能が低下するものですが、「うれしい」「悲しい」「腹が立つ」など、人としての感情は変わらないものです。例えば、読売ジャイアンツファンである認知症の人が、テレビで野球観戦をしているときに選手がホームランを打ったのを見て、「やったぁ！」と喜んだとします。しかし、その10分後にはそのことを忘れてしまいます。これが認知症ですが、その瞬間のときめきや喜びは、健常者と変わらないのです。

ある本で、認知症の人はいろいろな嫌なことを忘れ、症状が重くなればなるほどニコニコとして、幸福度が上がる人が多いと書いたことがあります。すると、インターネットサイトの書評で「私は幸せそうにしている認知症の人なんて見たことがない」と書き込んだ人がいました。そのような意見は、認知症という病気に対する誤解を助長するもので、非常に残念なものです。

認知症の人でも、おいしいものを食べているときは幸せそうな顔をしますし、うれしいことがあれば喜びます。逆に、介護者にガミガミと怒られれば悲しそうな顔をしますし、嫌なことがあればつらそうな顔をします。認知症の人は、症状が進行するほど多幸的になることがありますが、それでも嫌なことがあればやっぱりつらいのです。ただ、多くの場合、そのことをすぐに忘れてまたもとのニコニコ顔に戻ることが多いものです。つまり、認知症になったからといって別の人格になるわけではなく、感情的な側面は健常者と大差ないのです。だからこそ、心からうれしいと感じる瞬間を大切にし、その喜びを引き出すことが進行を遅らせる手立てになることがあります。そこで注目したいのが、推し活です。

認知症というと、記憶力や身体機能の低下を心配する人が多いのですが、最も大きな問題は、前頭葉の機能が低下することによる意欲の低下です。認知症になると意欲がなくなり、そのせいで頭を使わなくなるため、放っておくとますます症状が進行してしまいます。そのため、本人にどんなに嫌だと言われてもデイサービスに通わせて体を動かしたり、他人との交流を促したりすることが重要なのです。
意欲が低下した認知症の人に、急に「推し活を始めましょう」と言っても、それは到底無理な話です。しかし、もともと好きなものがあるならば、それをなるべく続けさせてあげることが、認知症の進行を遅らせることに繋がる可能性は十分にあります。例えば、昔から特定の歌手のファンで、長年追いかけてきた人であれば、カラオケでその歌手の歌を歌ったり、日常会話のなかで好きな歌手の話題を出したりすると、すごく喜ぶものです。昔から競馬が好きな人ならば、お金をかけるか否かは別としても、競馬の試合を観戦することで興奮や楽しみを感じることができて元気でいられます。好きなものがある人のほうが、認知症になってからでもアクティブでいられるのです。

そう考えると、認知症を怖がるより前に、自分が好きなものを見つけることが重要です。さらに、介護が必要となった人に対して、好きなものや夢中になれることを見つけられるようにサポートをすることで、意欲が向上し、認知症の発症や進行の予防に繋がる可能性は十分にあると思います。

お金を「貯め込む人」より「たくさん使う人」が幸せ

推しにお金を使うことが、社会の進歩に役立つことは、第1章でも説明しました。ここでは、さらに深掘りして、シニア期を幸福に過ごすためのお金の使い方について考えていきましょう。

60代になると、多くの方が、この先のお金の使い方について悩むようになるかもしれません。「子どもや孫にお金を残したい」「お金を貯めることが美徳」などと考えている方も少なくないと思います。でも、必要以上に子どもや孫に財産を残したり、お金を貯め込んだりすることは、おすすめできません。なぜなら、下手に子どもや孫に遺産を残すと、それが原因で親族間のもめ事が起こる可能性が高いからです。また、歳を重ねて体が思うように動かなくなると、せっかくお金があっても、おいしいものを食べたり、旅行に行ったり、おしゃれをして買い物に出かけたり……といった、お金を使って楽しむことが難しくなってしまいます。だからこそ、心身ともに楽しめるうちに賢くお金を使うことで、人生をより豊かに過ごしたほうが幸せだと思うのです。

そのためには、まず、ケチな老人にならないことです。勘違いしている方も多いのですが、資本主義においては、「お金をたくさん持っている人」が幸せなのではありません。「お金をたくさん使う人」こそ、幸せになれるのです。例えば、大邸宅に住んでいて大金持ちなのに、たまに会う孫には3000円しかお小遣いをくれないおばあさんと、長屋に住んでいて生活はラクではないのに、孫に会うときには1万円くれるおばあさんがいるとします。どちらを孫が慕うかといったら、間違いなく後者でしょう。どこに行っても、ケチな高齢者よりも、お金をたくさん使う高齢者のほうが、人から愛されるものです。

次に、資本主義では、お金が循環することで経済が活性化します。実は、日本の個人金融資産2200兆円のうち、6割は高齢者が所有しているといわれています。そのうちの1割でも社会で活用されれば、およそ220兆円ものお金が動く可能性があるのです。このお金をどう使うかが、日本の将来を左右すると言っても過言ではないでしょう。前述のように、高齢者が積極的に消費するようになれば、新たな高齢者向けの製品やサービスが開発され、生活がより便利で快適になる可能性があります。

例えば、家事や身の回りの世話をなんでもやってくれる介護ロボットが普及すれば、いくつになっても自立した生活を送ることができるでしょう。また、手押し車を押して歩く高齢者のために、手押し車ごと歩道橋を渡れる巨大ドローンのような新たな交通手段が開発されれば、日常の移動がうんとラクになります。

このように、お金を持っている高齢者がお金を使うことで、社会全体が活性化し、より暮らしやすい世の中になっていくのです。これは若い世代にとってもメリットとなり、恩恵を受けられるのです。ぜひ、「お金をたくさん使う人」になって、幸せな人生を過ごしてほしいと思います。

幸福寿命を延ばす5つのルール

幸福寿命を延ばすためには、推し活の他にも知っておきたいルールが5つあります。まずは、健康寿命と幸福寿命の考え方についてです。

健康寿命も幸福寿命も思った者勝ち

先述のとおり、健康寿命はアンケート調査による主観です。同じように、幸福寿命も、自分が幸福だと思うかどうかが鍵となり、客観的な指標は存在しません。つまり、「私は幸せだ」と思った人が勝ちだということになります。

私は患者さんにいつも、「自分でコントロールできる範囲なら、したいことは我慢せずにどんどんやってオーケーです」とお伝えしています。例えば、お酒や喫煙はもちろん、ギャンブルだって、キャバクラだって、マッチングアプリだって、自分できちんとコントロールしている限りは好きにやったらいいと思います。推し活もその一つです。好きな誰かの追っかけをしたり、好きなアーティストのグッズを買い集めたり、推しにちなんだ場所を旅する聖地巡礼なども、どんどん楽しむといいでしょう。

「いい歳をして推し活なんて……」とか「年甲斐もなく」「推しにそんなにお金を使うなんて無駄」などとまわりから言われるかもしれません。しかし、そんな言葉に耳を傾ける必要はありません。本当に問題なのは、高齢者自身がそのような言葉を「そうだよな」「やっぱりやめておこう」などと受け入れ、自分のやりたいことを諦めてしまうことです。これでは、自分から幸せになる権利を手放してしまっているのと同じです。

やりたいことをするのに年齢は関係ありません。他人に遠慮するよりも、自分が本当に幸せだと思えることに積極的に取り組んでみてください。

誰かと自分を比べない

「あの人は、若いころからずっと幸せそうだ」「あの家は、いつも素敵な旅行ばかりしているみたい」「あの人は出世が早くて、自分より給料も多いだろう」など、まわりの人と自分を比べてしまうと、幸福感は低下する一方です。他人の幸せや成功を見て自分を比較することで、自尊心が傷つき、自己肯定感は低下して、ストレスは増えるばかりです。幸福だと思える時間を増やすためには、「自分と誰かを比べて幸せかどうか」と考えるのはやめることです。大切なことは、自分自身のペースで生きることです。推し活のように、自分が楽しみながら続けられる活動を見つけることで、心の健康を維持することができます。

他人と比べないことが大事だと言いましたが、歳を重ねたからこその例外もあります。例えば、歳を取ると誰でも体力が低下し、人によっては体が不自由になり、若いころのように思ったとおりに活動ができなくなることが増えていきます。そんなときに、「自分の足で歩けるのだから幸せ」「大きな病気もせずに生きられていることが幸せ」というように考えることは、決して悪いことではありません。

全米で話題になった『ハピネス・カーブ 人生は50代で必ず好転する』（日本版：CCCメディアハウス）の著者、ジョナサン・ラウシュ氏は、歳を取るほど幸せになる理由について、次のように述べています。

「（歳を取ると）ハピネス・カーブ（＝幸福のUカーブ、P56参照）が上昇するのは、自分の価値観が変化し、満足感を得る事柄が変化し、自分という人間のありようが変わるからである。自分が変わることで、老年期になってからも思いがけない充足感を得ることができるようになったり、自分の抱える弱さや、病気まで受け入れられるようになったりするのである」

この説明を読んで私は、「人はもともと、歳を取るほど幸せになるようにできているものなのだ」と改めて思いました。年齢を重ねたからこその変化を気負わずに受け入れることも、幸福度を高めることに繋がるのだと思います。

「参照点」は低くしておく

「参照点」という考え方をご存じでしょうか？ 私たちが何かを判断したり、選択したりするときに、ある特定の基準点（参照点）を無意識に持ち、それに基づいて評価してしまう心理傾向のことです。

例えば、会社の社長だった方が退任して、毎月50万円もかかる高級老人ホームに入居したとしましょう。毎日５０００円もする豪華な食事が出て、一見、何不自由ない優雅な生活に見えます。でも、その方が、社長時代の料亭や高級レストランでの食事を基準にしていたら、その5000円の食事が贅沢かといえば、満足度は大きく下がってしまうかもしれません。さらに、社長時代には、周囲の人からちやほやされ、威張ることができた人は、老人ホームの職員に多少親切にされた程度では幸せとは感じにくいかもしれません。本人が社長時代を基準点（参照点）にしている限り、いつまで経っても幸せを実感することはできないでしょう。

一方で、貧しい生活を送ってきた人が生活保護を受けながら老人ホームに入所した場合、いままでに食べたことのない、栄養バランスの取れた食事が提供され、毎食しっかりと食べられるようになります。施設の職員も、「この人は貧乏だから」と差別することなく、親切に接してくれます。すると、「この歳になって、こんなにおいしいものが食べられて、みんなに親切にされて幸せだ」と感じるかもしれません。このように、どこを自分の基準にするかによって幸せの感じ方は大きく変わります。多くの人が前述の社長のように、バリバリと働いていた若いころや、子育てに忙しくしながらも充実した時間を過ごしていたころの自分に参照点を合わせてしまいがちです。「昔はもっとスタスタ歩けたのに」とか「もっと賢かったのに」「友達がもっとたくさんいたのに」といった具合です。

参照点を高くしてしまうと、幸せを感じるハードルが上がってしまいます。そこで、いまの自分に適した参照点はどこにあるのか、一度考えてみてはいかがでしょうか。若いころの自分と比べて嘆くよりも、「あれもできる」「これもできる」と、できることを数えたほうが、毎日を幸せに過ごせるようになることでしょう。

人の目を気にしない

周囲の人の目を気にしないということも重要です。

繰り返しになりますが、人生において幸せかどうかは、結局のところ自分で決めるものです。他人の意見に振り回される必要はありません。例えば、健康診断の結果について考えてみましょう。検査数値が正常値でなかった場合、医師から「あなたは不健康です」と指摘されることがあります。しかし、すぐさまこれを鵜呑みにして本当は必要でない治療をしたり、悲観的に考えて落ち込んだりする必要はありません。健康診断の数値は、あくまで一つの指標に過ぎません。人それぞれ、最適な状態は異なります。医師の意見は参考にしつつも、自分の体調や感覚を大切にすることが最も重要です。無理に数値を正常にしようとして薬を服用したり、塩分制限を厳しくしすぎて、だるさや集中力の低下に悩まされたり、活動レベルが落ちて元気がなくなる人も少なくありません。自分の体の声に耳を傾け、快適に過ごせる方法を見つけることが、高齢期を幸せに過ごす鍵となります。

さらに、家族や身近な人からの余計な言葉にも惑わされないことが重要です。特に、新しい趣味や活動を始めたときには、周囲から批判的な声が上がることもしばしばあります。例えば、アイドルの推し活を始めて推しのグッズを集めたり、コンサートのチケット入手のために販売日前日からスタンバイしたり、さまざまな新しいことにチャレンジしたとします。すると、それを見ている夫や子どもから「あんなのの何がいいの？」とか「お金の無駄遣いだ」「アイドルの推し活なんて恥ずかしい」などと言われることがあるかもしれません。しかし、あなたの推しは、あなたにとって大切な存在であり、人生を豊かにしてくれるものです。あなたにとっての推しの魅力を、わざわざ周囲の人に認めてもらう必要などないのです。たとえ家族であっても、「人は人、自分は自分」と割り切って、好きなことに没頭しましょう。

充実感のある生活をする

幸せな時間を増やすためには、張り合いのある生活、充実感のある生活が欠かせません。そういう視点で考えると、推し活は幸福寿命を延ばす最高の方法の一つといえます。

人は、生きがいを持っているときにはイキイキとして活動的になります。例えば、子どもを持つ人の場合、子どもの受験や部活動などの応援をしているときは、「大変だ」「忙しい」と言いつつも、その成長を喜び、充実した日々を送っていることが多いものです。働いている人であれば、仕事が上手くいっていて、順調に出世をしていたり、周囲から認められて高い評価を得られたりしているときには、仕事が生きがいになることが多いものでしょう。これに対して、子育てが上手くいかなかったり、仕事上の成果が得られない状況だったりすると、生きがいをなくし、がっくりと気落ちした状態になってしまう人も少なくありません。さらに、60代に入ると、子どもは手を離れ、仕事も定年を迎えるなど、それまで生きがいだと思っていたことを失いがちです。しかし、そんなときこそ、新たな生きがいを見つけて、乗り換えるチャンスです。このような状況下で再び活力ある生活を手に入れるには、何か夢中になれるもの、「コレが生きがい」と思えるものが必要です。誰かのファンになること、つまり推し活を始めることができたなら、生きがいを上手に乗り換えることができるのではないでしょうか。

再び充実した毎日を送るためには、新しい生きがいを見つけることが重要です。そうでないと、ただ起きて、食事をして、眠ってという変化のない生活に陥り、急に老け込んでしまうことも。先述の「Ｂｅサポ！」でも、介護施設に入居する高齢者が推し活をすることで人との繋がりが生まれ、充実した毎日を手に入れています。これまでの生きがいから新たに乗り換えるという意識で、推しを探してみてください。それは、あなたの人生に新たな喜びと生きる力をもたらすきっかけになるでしょう。

第3章
「推し活」で人生が変わった5人の物語

推し活は、単なる趣味を超えて、人生に喜びと活力を与え、新たな世界への扉を開くきっかけとなります。この章では、実際に推し活に取り組んで人生が豊かになった5人の物語をご紹介します。

1人目は、107歳のサッカーファン、竹本繁野さんの物語です。彼女は、第2章でも紹介した「Be supporters!（Beサポ！）」という取り組みをきっかけにサッカー応援を始めました。「Beサポ！」は、慶應義塾大学名誉教授で医学博士の伊藤裕先生が提唱する「幸福寿命」の理念に共感し、誕生したプロジェクトです。伊藤先生の提唱する幸福寿命とは、人生において幸せを感じていられる期間のこと。体が健康かどうかより、どれだけ長い期間を幸せに過ごすことができるかのほうが大事なのではないかという考えに賛同したサントリーウエルネス株式会社が中心となり、Jリーグの複数のクラブと連携し、2020年12月に始まりました。

具体的には、高齢者向け福祉施設に入所する高齢者や認知症の方など、普段は周囲から支えられる場面の多い方が、地元サッカークラブを応援するサポーターとなることで、クラブや地域を支える存在になることを目指しています。主な活動は、推しクラブのユニフォームの着用や試合を見ながら自作のうちわを振っての応援など。その活動は全国へと広がり、参加者は約230施設、延べ1万人に達しています（2024年8月時点）。

サッカー応援をきっかけに、ポルトガル語の勉強まで始めた竹本さんは、推し活やチャレンジに年齢は関係ないことを教えてくれます。2人目は94歳の森岡和子さん。彼女も入所する福祉施設での「Beサポ！」の活動で、青春を蘇らせた一人です。3人目は、92歳の本間善範さん。体の不自由を乗り越え、サッカーチームのフラッグベアラーを務めた勇気ある物語は、私たちに諦めないことの大切さを教えてくれます。4人目、80歳のとしこさんは、シルバー人材センターでの仕事を通じて、歳の離れた子どもたちとの交流を楽しんでいます。彼女は、興味のあることにはなんでも積極的に取り組んでいます。最後に紹介するのは、74歳の加能千明さん。中学時代から続けている「駅旅」を趣味とし、退職後は世界一周旅行を楽しむツワモノです。

5人の物語は、自分が好きなことに挑戦し、楽しむことの大切さを教えてくれます。年齢を重ねるごとに人生がより豊かになっていく、そんな可能性を感じられるはずです。

ケース
1

107歳のサッカーファン「命つきるときまでサッカーを楽しみなさい」

取り組んだ人　竹本繁野さん（107歳）
内容　プロサッカークラブ「ヴィッセル神戸」の応援

「ヴィッセル神戸」との出会い

100歳を超えていることもあり、食事の時間以外は、居室で横になって寝て過ごす時間が多かったという竹本さん。時には、食事の途中でも、体がしんどくなって食卓で眠ってしまうこともあったそうです。そんな竹本さんに転機が訪れたのは、2022年6月のことです。

入居していた高齢者総合福祉施設「オリンピア兵庫」で開かれた、「ヴィッセル神戸」のサッカー観戦会に参加しました。それまでサッカーとはまったく縁のなかった竹本さんでしたが、これをきっかけに、「ヴィッセル神戸」の応援活動「Beサポ！」に加わり、推し活に取り組むようになりました。

2時間に及ぶ試合観戦、サポ飯作りも

「ヴィッセル神戸」の応援を始める前はベッドが定位置だった竹本さんですが、いつの間にか「オリンピア兵庫」で開催されるサッカー観戦会には、毎回参加するようになりました。2時間に及ぶサッカー観戦の間も、休むことなく笑顔で試合を楽しむようになったそうです。観戦中は、応援旗を振りながら、時には大きな声で歓声を上げたり、手拍子で選手を称えたりと、それまでとは別人のように元気な姿が見られるようになりました。

サッカーの試合観戦がない日には、介護職員や利用者のみなさんと一緒に、地元名物の神戸焼きビーフンを使い、サッカー応援用のサポ飯作りにも挑戦。普段は食の細い竹本さんでしたが、サポ飯作りに参加した際には、通常からは考えられないほど食欲がアップ。みんなで作った料理をおいしそうに楽しむ姿に、まわりの人々は感動したそうです。サッカーチームの応援を始める前とは見違える元気さに、介護職員も驚かされることの連続でした。

応援メッセージで「推し」からも知られる存在

2022年、敬老の日の企画として行われた「人生の先輩からのメッセージ」では、「ヴィッ

セル神戸」の選手のみなさんに向けてこんなメッセージを綴っています。

「命つきるときまでサッカーを楽しみなさい」

この言葉はスタジアムにも掲示され、竹本さんの推しである槙野智章選手や他の多くの選手の目にも届きました。後日、このメッセージを見た槙野選手が「107歳（のサポーターさん）！　うれしいよね」と話す動画を見た竹本さんは、とても喜んでいました。

YouTube出演　瓦煎餅をお代わりする姿も

「ヴィッセル神戸」が運営するYouTubeのなかで、「NO．1モテ男は誰だ?～おばあちゃん

敬老の日の企画で、色紙にメッセージを書く竹本繁野さん。「命つきるときまでサッカーを楽しみなさい」という力強い応援は、しっかりと選手たちにも届きました。
写真提供／オリンピア兵庫

特別編」という企画に出演した際は、「このなかでいちばんかっこいい人は？」と聞かれ、うれしそうに推しである槙野さんの写真を指差していました。そして撮影の最後には、視聴者の方に向けて、「さよなら、また会いましょう」と元気に声をかける姿も見られ、その映像を見た家族は大変喜んだそうです。

実はこの日、介護職員のみなさんが大変驚いた出来事がありました。

YouTubeの撮影のために施設を訪問した「ヴィッセル神戸」のスタッフの一人が、竹本さんにチームオリジナルの瓦煎餅をプレゼントしました。すると、なんとその場で箱を開け、いただいた瓦煎餅をバリバリと力強く、何枚もお代わりして食べていたのだそうです。当時の

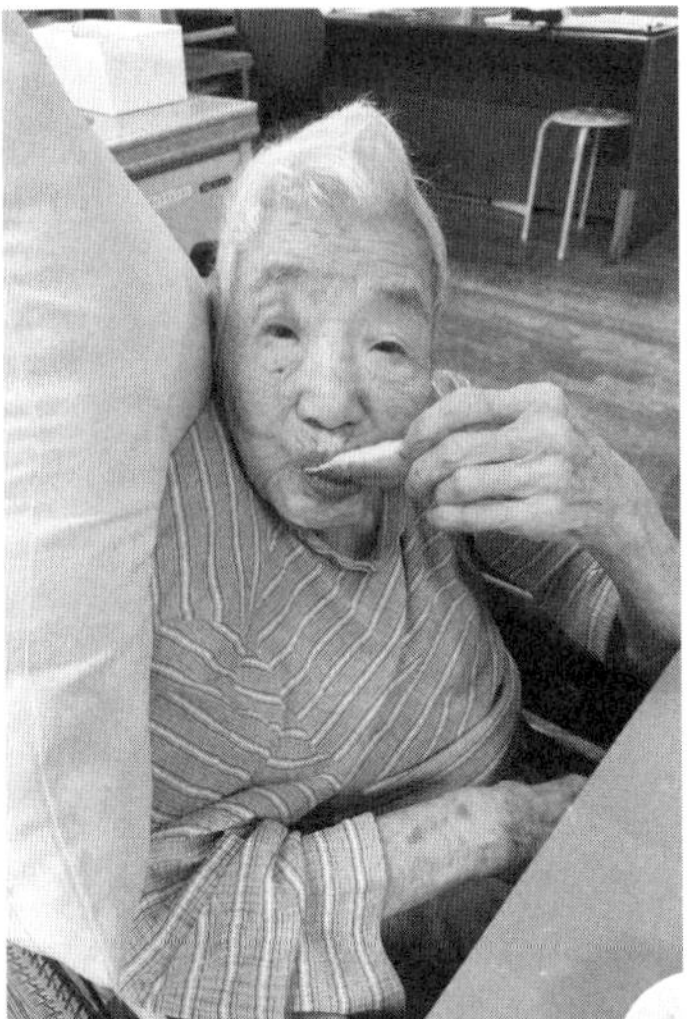

YouTubeの撮影時やサポ飯作りのときには、びっくりするような食欲を見せた竹本さん。おいしそうにパンを味わう姿からも、かわいらしい人柄が伝わってきます。
写真提供／オリンピア兵庫

竹本さんは、日々食欲が低下していたため、まさかの行動にまわりにいた職員のみなさんは大変驚くとともに、その元気な姿にうれしくなったといいます。

サポーターとの新たな交流

「ヴィッセル神戸」の応援を始めたことで、それまで交流のなかった人々とも、新しい関係が生まれました。同じチームを応援する若いサポーター達との交流です。

竹本さんは、いつしかサポーターのみなさんから、「107歳のサポーター仲間」として親しまれるようになりました。実は、周囲の介護職員は、最初そのことを知らなかったそうです。ある日、サポーターの方からこのエピソードを聞かされ、その意外な出来事に驚くと

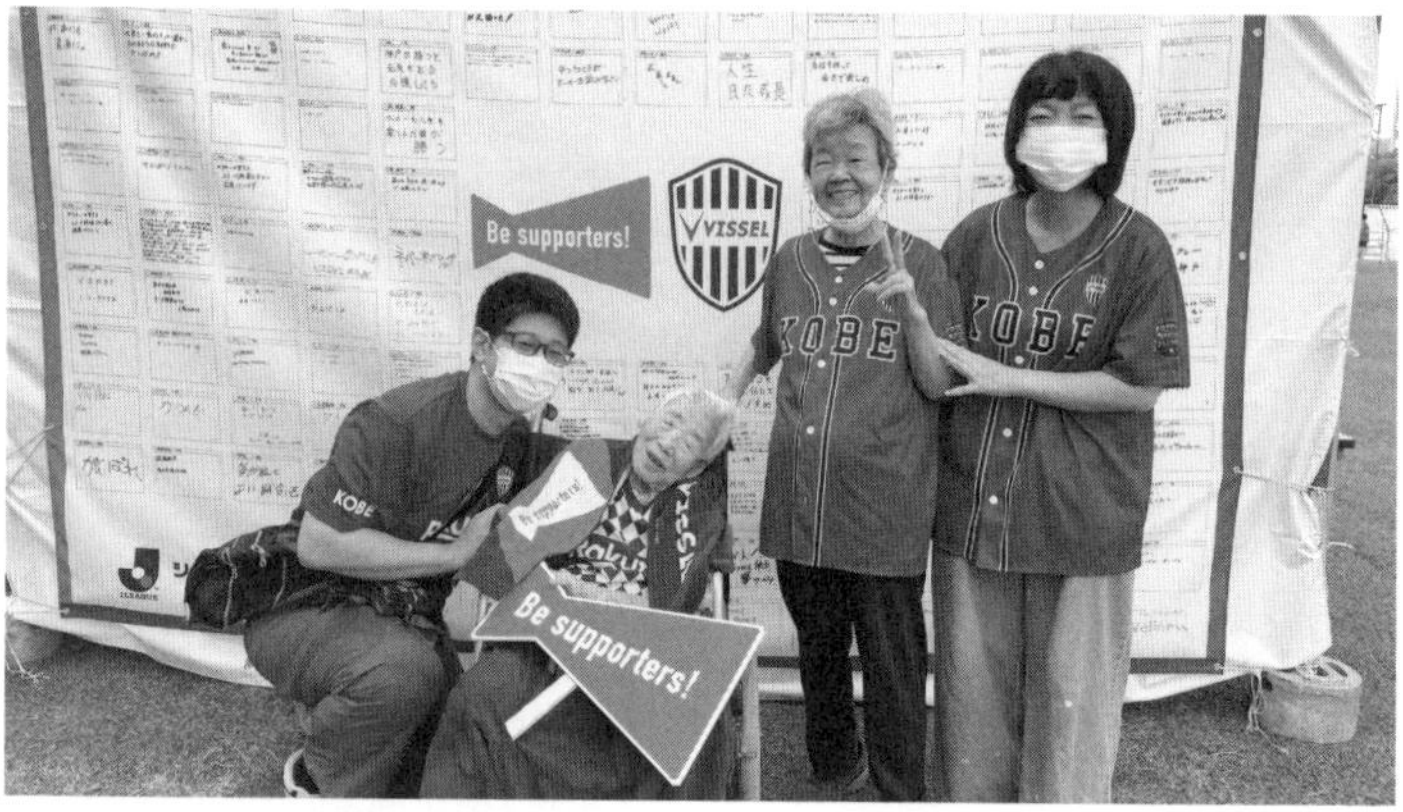

竹本さんがしたためた選手たちへのメッセージはスタジアムにも掲示されました。このことをきっかけに、「107 歳のサポーター仲間」として、選手や多くのサポーターにも知られるようになりました。写真提供／サントリーウエルネス株式会社

ともに、とてもうれしく思ったそうです。このことは、思いがけず、竹本さんがもう一度「青春」を感じるすばらしい機会となりました。

ポルトガル語の勉強をスタート

さらに驚くべきことに、竹本さんは、ポルトガル語の勉強を始めたのです。きっかけは、2023年にブラジル人のトゥーレル選手、パトリッキ選手、フェリペ選手がチームに加入したことでした。それまで推しだった槙野選手の引退後、竹本さんはブラジル人選手のみなさんを応援するようになったのです。

「オリンピア兵庫」では、「選手の母国語で応援メッセージを送って応援したい」という声が他の利用者からも上がるようになり、学生時代にポルトガル語を専攻していた介護職員を中

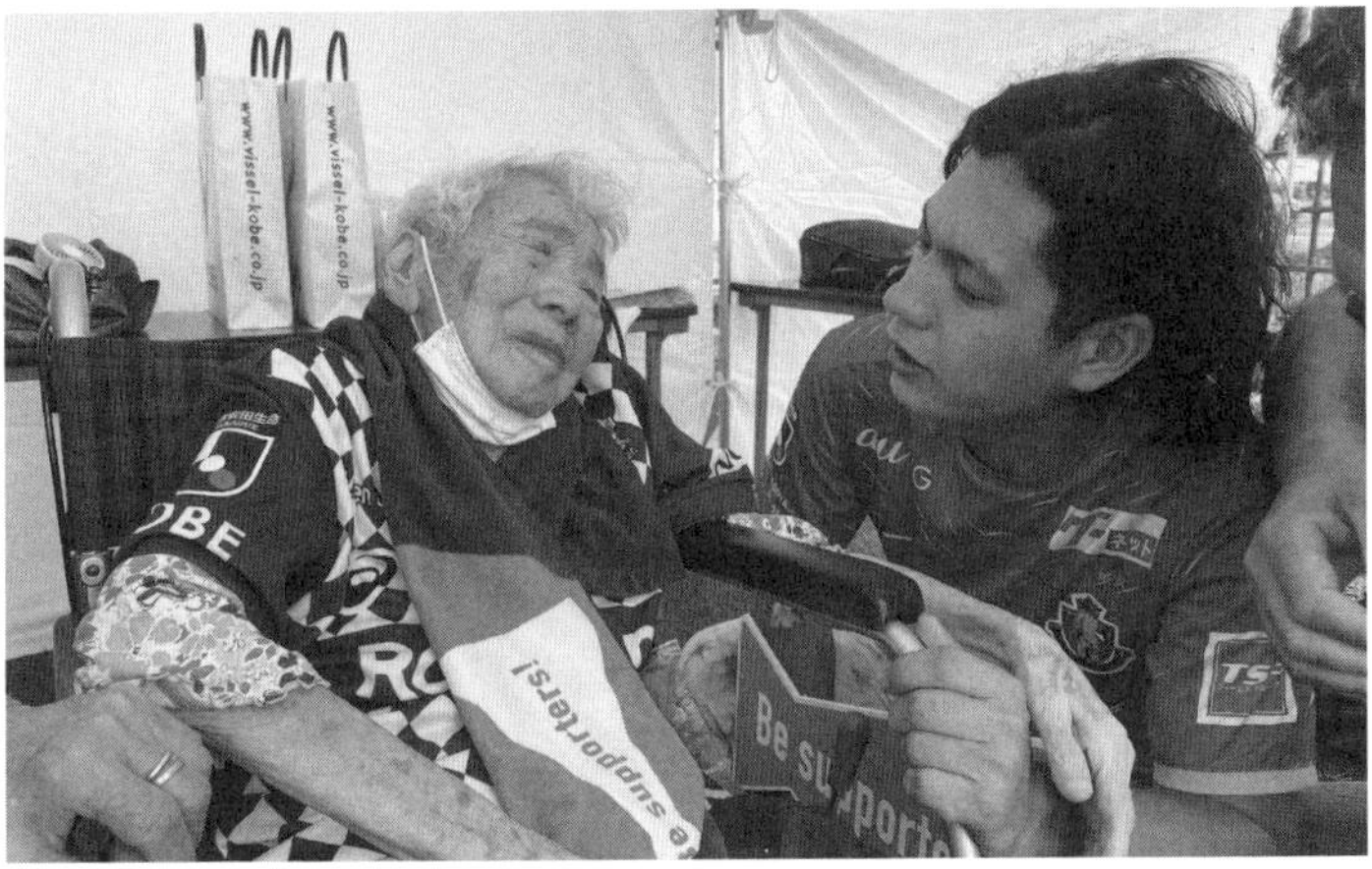

ヴィッセル神戸の選手や若いサポーターの方々など、新たな出会いも竹本さんの楽しみとなったことでしょう。写真提供／オリンピア兵庫

心に、希望者を集めてポルトガル語の勉強会を開始しました。

しかしこのころの竹本さんは、長期入院していた病院から退院して施設へと戻られましたが、以前より横になる時間が増え、食欲も気力も低下していました。そんなある日、介護職員が竹本さんにポルトガル語の本を渡したところ、予想外の反応があったのです。なんと笑顔で「サッカー」「トゥーレルがんばれ」とポルトガル語で言い、さらに「スタジアムに行って選手にがんばれと言いたい。スタジアムに連れていってください」と熱心に話されたそうです。この突然の様子に、まわりの介護職員は大変驚きました。

2週間後、108歳を迎える1週間前、竹本

サッカー愛を貫いた竹本さん。いまもスタジアムの歓声とともに、みんなの心に生き続けています。写真提供／サントリーウエルネス株式会社

さんはスタジアムに行くことを楽しみにしながら、天国へと旅立ちました。しかし、生前に撮影した応援動画が後日選手たちのもとに届き、「オリンピア兵庫」を、竹本さんの推しであったブラジル人選手たちが来訪しました。竹本さんの想いが届き、かなった瞬間でした。

推し活に年齢制限なし

１００歳を超えてから推し活に取り組まれていることからも、推し活には年齢制限がないということが大変よく伝わってくるケースです。どんなに歳を重ねて体力が低下してきたとしても、心身の健康を保つためには、推し活が大いに役立つのです。

意欲の向上と実践する力

特に注目すべきは、人は誰でも年齢とともに意欲が低下していくものですが、誰かを推しているときには意欲が上がるという点です。私自身、多くの患者さんに、「デイサービスに行ってみてください」とか「もう少し体を動かしたほうが健康にいいですよ」「できるだけ歩きましょう」といったアドバイスをお伝えすることがあります。しかし、そのときは「はい、やってみます」と答えてくれる方も、実際にはなかなか行動に移せないことが多いものです。

しかし、自分が本当にやりたいことや、会いたい人のためであれば、自然と体が動くわけです。歳を重ねるほど、歩かないと歩けなくなりますし、頭を使わないとぼけたようになっていきます。ですから、いまがんばって体や頭を動かさなければいけないのですが、なかなかそうはいかないという方が多いものです。そういったなかで、好きなものや好きな人の存在があることによって意欲が上がり、やる気がでてきます。それが体を動かしたり、頭を使ったりする機会へと繋がります。

新しいことへのチャレンジ精神

竹本さんの場合、推しに外国人の選手が加わったことで、選手の母国語で応援したいという気持ちからポルトガル語を学ぼうという学習意欲が出てきたことがよく分かります。年齢を重ねてから、新しいことにチャレンジするのは簡単ではありません。このように、推し活は、新しいことを始めるきっかけにもなるわけです。

ケース
2

94歳のサッカー乙女「選手との出会いで蘇った青春」

取り組んだ人　森岡和子さん（94歳）
内容　プロサッカークラブ「カターレ富山」の応援

交流を避け、部屋にこもりがちだった日々

地域密着型小規模特別養護老人ホーム「雅」に入所していた森岡さんは、普段から部屋にこもりがちで、他の人との交流をあまり好まない様子でした。レクリエーションに誘っても、「そんなことできない」と断られることが多く、参加している他の入居者に対して「あんなものに参加するか」「あんなもん、なんもおもしろくない」などといった発言をして、馬鹿にすることもありました。そのため、森岡さんに何か言われたくないからと、レクリエーションへの参加を遠慮する利用者もいたようです。一方で、気になることを細かくメモするなど、几帳面な

一面もありました。

推しとの運命的な出会い

ある日、森岡さんがテレビで「カターレ富山」の試合を観戦していたときのことです。森岡さんは画面に映った大野耀平選手の鮮やかなシュートに目を奪われました。かっこよく、サッカーも抜群に上手い大野選手。その上、優しそうな好青年の印象に、森岡さんはすっかり大ファンになってしまったのです。まさにひとめぼれです。この出会いが、彼女の推し活の始まりでした。

施設での「Ｂｅサポ！」活動にも参加するようになった森岡さん。すると間もなく、意外な変化が起こりました。それまでは孤立しがちだった森岡さんが、サッカーの応援を通して他の利用者との仲間意識を深め、介護職員ともサッカーや大野選手について気軽に会話するようになったのです。さらに、以前は拒否していたレクリエーションも、大野選手関連となると、積極的に参加するように。「選手にメッセージを書く」「応援グッズを作る」などの活動に、やる気満々で取り組むようになったのです。

推しの写真に「おはよう」「おやすみ」

施設全体で取り組んでいる「カターレ富山」の「Ｂｅサポ！」活動の記録映像撮影中のことです。森岡さんが、大野選手への応援メッセージを、見事な達筆で色紙に書いていました。そのメッセージがあまりにも熱意に満ちていたので、撮影に来ていたスタッフが「選手に会うかもしれないので、渡せる機会があれば渡してみますね」と声をかけてくれました。さらに、その日のグッズ作成時に余った大野選手の写真を、いつの間にか撮影スタッフから譲ってもらっていたのです。

森岡さんは、その写真を居室に飾り、「おはよう」「おやすみなさい」と写真に向かって挨拶するのが日課となりました。森岡さんは、大

譲ってもらった大野選手の写真に向かって、朝晩、挨拶をするのが楽しみになっているそうです。写真を見るだけでも元気が湧いてくるそう。写真提供／サントリーウエルネス株式会社

野選手の写真を眺めるだけで、明るく元気な気持ちになれるといいます。

また、大野選手を中心としたサッカー関連の話題で、周囲の介護職員とも会話が盛り上がるようになりました。いまでは「サッカーのことなら森岡さん」と言われるほどです。「いくつになっても夢中になれることができるってすごいよね。もう恋する乙女だよね」「考え方まで若々しく変わられたよう。いつまでもかわいい女子ですね」と、職員の間でも森岡さんの推し活はよく知られています。

大野選手の表敬訪問

大野選手を近くで見たい気持ちはありましたが、「カターレ富山」の本拠地となるスタジアムへは片道約1時間。気軽に観戦に行ける距離ではありません。そのため、森岡さんの推し活はテレビでの観戦が中心でした。そんななか、大野選手を含む3名の選手が、「応援ありがとう」と施設を訪問することが決まりました。

「何か贈りたいけれど、なんもないし……」という森岡さんに、介護職員は手紙を書くことをすすめました。最初は、「恥ずかしいちゃ、あんた書いて」と消極的でしたが、日が近づくにつれ、森岡さんはしっかりと手紙を書きはじめました。さらに、施設の封筒では味気ないからと、ハート模様の用紙を印刷してかわいらしい封筒を職員と一緒に用意したのです。

当日、施設からは選手たちに寄せ書きの色紙をプレゼント。森岡さんが大野選手にそれを渡す役目になり、そのとき、手紙を入れた手作りの封筒も一緒に渡すことができました。後に介護職員が聞いたところ、「読んだら捨ててと言うたがや。そしたら苦笑いしとったわ」とはにかみながら答えたそうです。また、「大野選手と一緒に写真を撮りますか？」と聞かれた森岡さんは、普段とはまったく違うテンションで「ええ‼」と、喜びの声をあげたそうです。大野選手に会った印象を聞くと、「本当に気持ちの優しい方です」とうれしそうに教えてくれました。

観戦時の試合記録が習慣に

もともと几帳面な性格の森岡さん。それは、推し活にも生かされています。「Ｂｅサポ！」

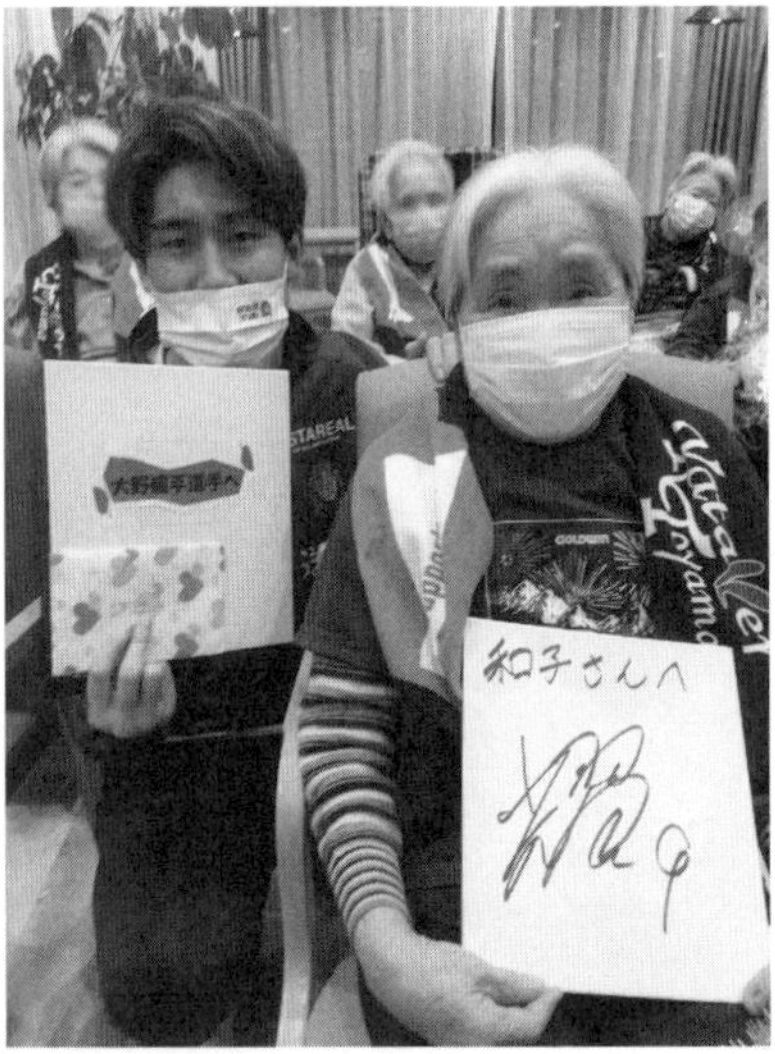

施設を表敬訪問した大野選手と一緒に記念撮影をする森岡和子さん。サインももらい、喜びもひとしお。心なしか少し緊張気味です。写真提供／雅

に関わるようになってからは、新聞を毎日チェックし、「カターレ富山」の試合放送日をしっかりと把握。その正確さは、施設職員も顔負けです。観戦時には、直筆で試合を詳細に記録し、結果をこまめにメモすることがすっかり日常となりました。書くことが好きな森岡さんは、以前より相撲の観戦時にも自分流の勝負表を作って楽しんでいるそうです。

また、日記を書くことも習慣にしています。年齢とともに、だんだんと字が汚くなり、乱筆、乱文が増えてきたと言いますが、自分なりの思いやその日の出来事を綴ることは欠かせないルーティンの一つです。さらに、日々の暗算も欠かさず行い、認知症予防に努めているとのことです。

大野耀平選手へ送る色紙には、「心より応援しています」のメッセージが。一文字一文字、心をこめて書いた色紙を大野選手へ渡せたことも素敵な思い出です。
写真提供／サントリーウエルネス株式会社

ライバル出現で施設に活気が！

「Ｂｅサポ！」での推し活は、他の利用者にも変化をもたらしました。

森岡さんとよく行動をともにするＡさんは、普段からライバルのような関係です。森岡さんが大野選手の推し活で取材を受ける機会が増えたことで、Ａさんも負けじと奮起。森岡さんが取材を受けていると、自分もよそ行きに着替えていつでも取材対応できるように準備を整えているそうです。

互いに張り合う相手がいることで、いい刺激を受けているようだと、施設の職員らは口を揃えて言います。さらに、施設全体でのサッカー応援が、利用者と介護職員の距離を縮めました。サッカーをきっかけに会話が増え、徐々に話題

「カターレ富山」のクラブカラーである青色のＴシャツを着て、若々しい森岡さん。「サッカーのことなら森岡さん」と言われるほど知識も豊富になりました。写真提供／サントリーウエルネス株式会社

も広がり、自然とコミュニケーションがとりやすい環境が生まれたそうです。

サポーター仲間からのうれしい贈り物

森岡さんの大野選手への熱心な応援は、施設外にまで知られるようになりました。ある日、施設別の施設の方から、大野選手の大ファンである森岡さんに、自分が持つ大野選手の背番号入りユニフォームやタオルマフラー、コーヒーカップのプレゼントがありました。森岡さんは驚きながら、「本当に良くしてくださって、ありがとうございます」と、心からの感謝を述べました。これらのグッズは「もったいないから」と、飾らずに風呂敷に包んで大切に保管しているそうです。

サポーター仲間からプレゼントされた大野選手の背番号「9」が入ったユニフォームに喜ぶ森岡さん。写真提供／サントリーウエルネス株式会社

森岡さんは大野選手との出会いとサッカー観戦を通じて、「毎日が面白くなり、笑顔が増えました。命ある限り、明るく楽しく過ごしたい」と言います。2023年、大野選手は契約満了で「カタールレ富山」を退団し移籍しましたが、森岡さんはいまも変わらず新天地での活躍を願ってエールを送り続けています。

和田秀樹の見解

ホルモンバランスの変化による幸福感

まるで恋する乙女のようになった森岡さんのケースでは、まず、ホルモンバランスの変化が考えられます。恋をすると、女性の場合は女性ホルモンが増加して、若々しくなる人が多いものです。また、高齢期の女性は、男性ホルモンも増えているので、活動的にも。推し活による疑似恋愛がそういったいい変化を引き起こしたのでしょう。

人付き合いが円滑に

恋愛や推し活をすると、これまで自分ばかりを中心に考えていた人が他者への関心を持ちはじめることがよくあります。これは人間関係を円滑にするために非常に重要なことでしょう。森岡さんのケースのように、疑似恋愛でもいいから、恋をすることは大事なのです。

理想が実現することでの喜び

歳を重ねてからの推し活のメリットの一つに、憧れの人に会える可能性が高いことも挙げられます。若い人たちが推しに対してどれだけキャーキャーと言っても、実際に会ってくれることは少ないのに対し、年齢が上がると相手からも応じてくれる機会が増えます。今回の場合も、表敬訪問という形で、推しの選手が自分の入居する施設を訪れるという幸運を得ました。こういった機会は、推している側のファンがうれしいのはもちろんですが、応援されている選手にとってもうれしい体験でしょう。特にいまの時代はスキャンダルが怖いので、若い人たちが推しに会える機会はなかなかありませんが、年齢を重ねるとそういった交流が生まれる可能性も考えられるのです。

新たなコミュニティの形成

推し活をしているうちに、ファン同士の連帯感も強まります。特に年齢が上がるにつれて、ライバル意識ではなく、共感や連帯感が強くなる傾向があります。例えば、私は「広島東洋カープ」のファンですが、同じチームを応援する人と出会うと、それだけで自然と仲間意識が生まれます。「ジャイアンツには負けないぞ！」といった具合に、ともに応援する楽しさを共有できるのです。森岡さんのように、利用者同士の仲間意識を高めることにも役立つでしょう。

周囲のモチベーションを向上させる

入居する介護施設の中で、ライバル心を燃やす人が出てきたというのもいい効果といえます。老人向け介護施設などでは、元気な方が一人増えるだけで、周囲の雰囲気が良くなるのは間違いありません。施設内で推し活が広がると、活気ある雰囲気が生まれ、全体的なモチベーションが上がることが期待できるでしょう。

ケース
3

ピッチに立つ夢が不可能を可能に！「フラッグベアラーへの挑戦」

取り組んだ人　本間善範さん（92歳）
内容　プロサッカークラブ「セレッソ大阪」の応援

職人魂と穏やかな晩年

大阪市内で長年、奥さまと二人三脚で服の仕立て屋さんを営んでいた本間善範さん。その腕前は個人のお客様だけでなく、企業からも高く評価されていたそうです。80代まで現役の職人として活躍し続けた本間さんは、娘さんによると「職人気質の頑固な性格」だとか。一度決めたことは曲げない真っ直ぐな姿勢は、まさに古き良き昭和の男性像そのものです。それでいて、流行には敏感で、新しいものをすんなり受け入れる柔軟さも持ち合わせています。

本間さんは戦争も経験しています。10代前半のころ、疎開していた福島で空襲に遭い、その際に左足を負傷して義足での生活を余儀なくされました。さらに歳を重ねてからは、心臓にペースメーカーを装着する生活に。そのため、小規模多機能ホームに入居してからは、体に強い負荷のかかることは避けて、テレビを観たり、ラジオを聴いたり、チラシを折ったりと、穏やかな日々を送っていました。

フラッグベアラーへの挑戦を決意

そんな本間さんの生活に、大きな変化をもたらしたのが「セレッソ大阪」との出会いでした。本間さんが暮らす施設では、「Ｂｅサポ！」の活動として「セレッソ大阪」の応援に取り組んでおり、入所後、本間さんもサポーターの一人になりました。

日々、いすに座って過ごしている本間さんに、ある日、施設のスタッフが提案を持ちかけたのです。「チーム応援の一環で、フラッグベアラーとして、試合の日に『ヨドコウ桜スタジアム』のピッチに立ってみませんか？」。フラッグベアラーとは、「旗（Flag）を持つ人（Bearer）」という意味。その名のとおり出場チームのエンブレムが描かれた旗を持ち、選手や審判団とともにピッチへと入場し、試合開始を告げる重要な役割を担います。声をかけたスタッフは、きっと断られるだろうと思いつつ、ダメもとで誘ったそうです。すると本間さんから、「やってみよう！」と、意外な返事が返ってきたのです。

このときのことを尋ねると、「不安やけど、やると言った以上、家族に恥はかけられへん。がんばろう！と思った」と教えてくださいました。声をかけたスタッフは驚くとともに、内心、「200mの距離を歩き続けることができるのかどうかすごく心配だった」と振り返ります。この日から、本間さんと施設スタッフのチャレンジが始まりました。

目標は自分の足で200m歩き切ること

それまでの本間さんは、片足が義足ということもあり、歩くときは転倒しないようにスタッフが見守るのが基本でした。ペースメーカーも装着していたため、少し歩くと息切れを起こしてしまい、移動できる距離も限られていました。そこで、心臓と足への負担を考慮しながら、本

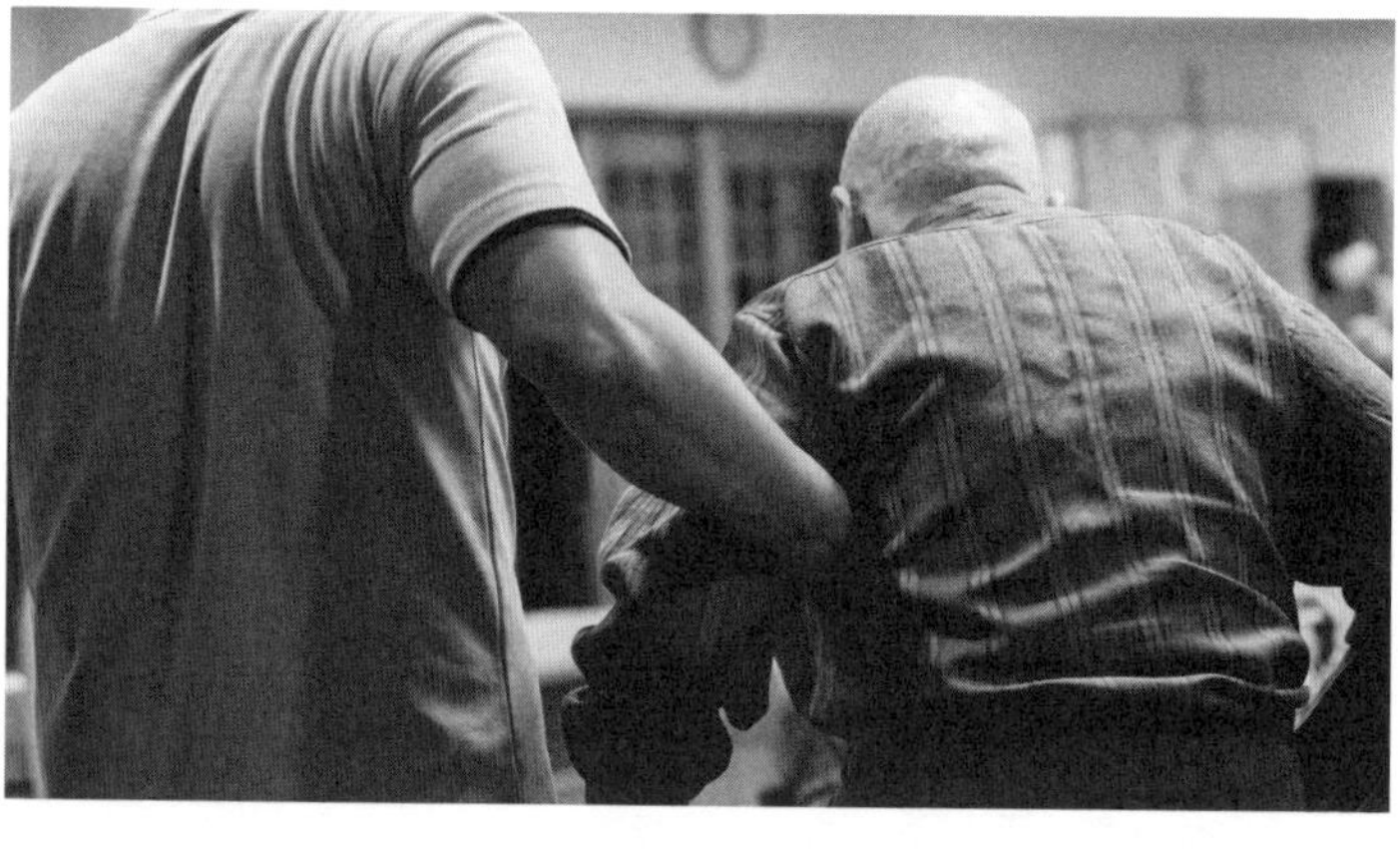

スタッフに支えられながら、歩行練習をがんばる本間善範さん。少しずつ歩ける距離が伸びることが、リハビリを続ける励みになったそうです。写真提供／サントリーウエルネス株式会社

人のペースで少しずつ歩く練習を開始。この歩行訓練には、施設のスタッフ全員が心を一つにして取り組みました。

訓練は段階的に進められました。最初の目標は、独力での歩行距離を少しずつ伸ばすこと。本間さんは、自分のペースで施設内の廊下を何度も往復することを繰り返しました。続いて、第2段階では、スタジアムのような不安定な地面を想定し、旗を持って歩く練習を行いました。第3段階は、さらに歩行距離を伸ばすことに挑戦しました。

練習は想像していたよりもずっと大変なもので、途中、思うように進まない時期もあったそうです。「最初はがんばろうと思っていたが、本番が近づくにつれ、本当に自分ができるのかどうか不安になった」と、本間さんは振り返り

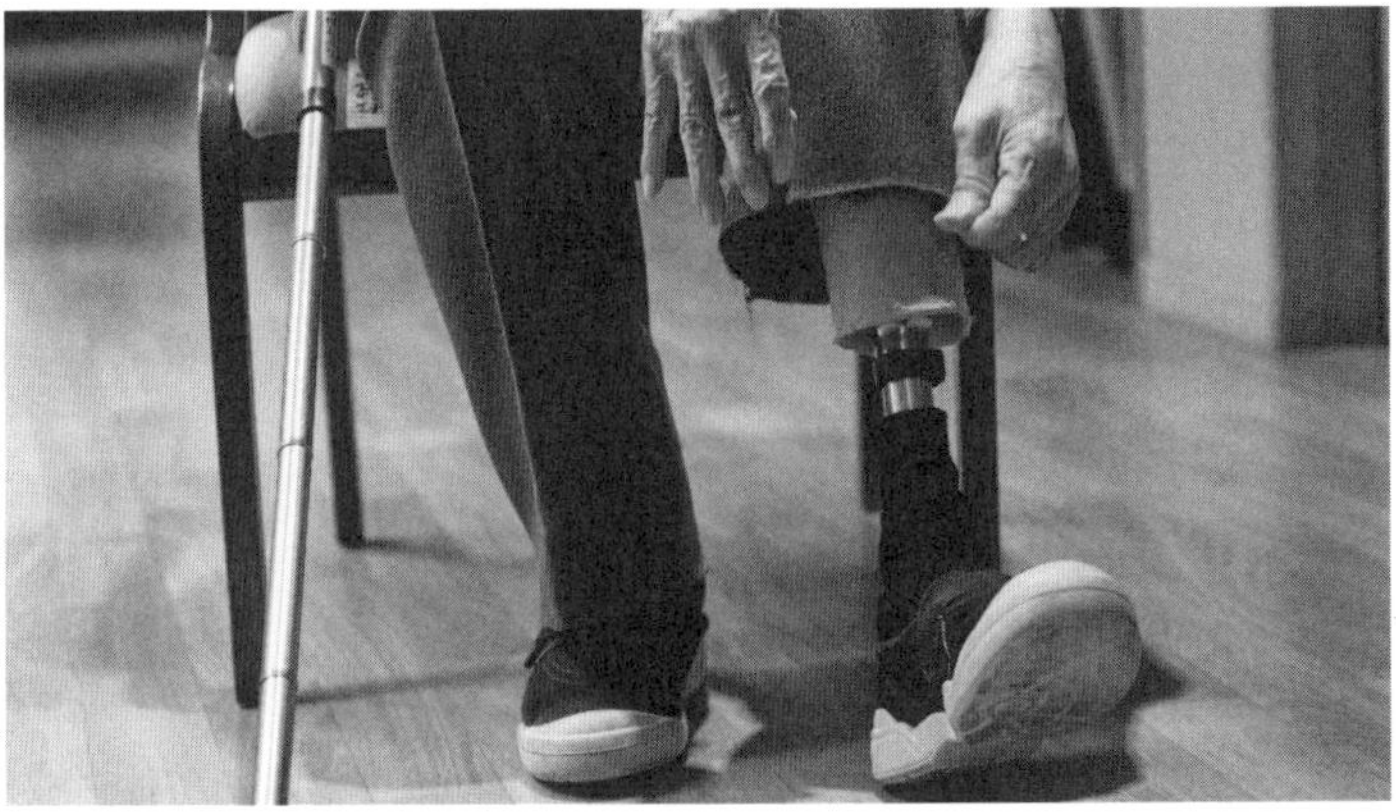

戦争で片足を失い、義足の生活を余儀なくされてきた本間善範さん。自力で歩くための訓練には、想像以上の努力が必要だったそうです。写真提供／サントリーウエルネス株式会社

ます。しかし、「どうしても自分の足で歩きたい」という強い思いが、歩行練習を続ける大きな原動力となりました。

一人での歩行練習。不安にかられた本番前夜

ある日、スタッフがいつものようにフロアを見回っていると、普段は静かにいすに座っている本間さんが、自力で立ち上がり、なんと一人で歩行訓練をしている姿を目にしました。

本間さんはスタッフと一緒に歩行練習を重ねるうちに、少しずつではありますが、自分の歩行距離が伸びていることを実感し、それを大変うれしく思っていました。それが自信に繋がり、いつの間にか自分自身でも練習に取り組むようになっていたのです。

施設に入所してからは自発的に何かに取り組むという行動があまり見られなかっただけに、スタッフに頼らずに自ら歩行訓練を行う姿は、まわりの人々に大きな驚きを与えました。

「恥ずかしいこと、でけへんやろ」と言いながらゆっくりと歩行練習をする本間さんからは、以前、娘さんが話していたように、「一度決めたことはやり切る」という強い意志を感じられたそうです。

こうして熱心に取り組んできた本間さんでしたが、いよいよ明日が本番という夜、どうしよ

うもない不安が頭をもたげてきました。「おれ、できるかな」「やっぱりやりたくない」「明日なんて聞いてない」と、繰り返し不安な気持ちを口にしていたそうです。その晩は家族と電話で話しても不安が解けず、ほとんど眠れない夜を過ごしました。夜勤で見守っていたスタッフも、「この分だと、明日の本番は無理かもしれない」と心配し、責任者と相談していざとなったら辞退することも検討していたそうです。

ところが翌朝、驚くべき変化が起こりました。本間さんは前夜の不安がまるで嘘のように、自身でキビキビと身支度を整え、本番に臨んだのです。

力強い足取りで務めたフラッグベアラー

本番当日。青く晴れた空の下、1万人を超え

フラッグベアラーを務める前日は不安を口にしていた本間さんですが、普段は穏やかに生活されています。いまも楽しみはサッカー観戦だそう。写真提供／サントリーウエルネス株式会社

る観客が注目するなか、ピンク色のユニフォームを着た本間さんは、スタッフとともに「ヨドコウ桜スタジアム」のピッチに、ゆっくりとした足取りで到着しました。懸命に歩行訓練を重ね、ついにこの瞬間を迎えたのです。約10分間という、はたから見たら短い時間ですが、ピッチに立ち続ける本間さんにとっては、きっと実際よりも長く感じたことでしょう。フラッグベアラーとしての責任を果たすため、大きな旗を落とさないようにと、しっかりと握りしめていました。その姿は、年齢も体のハンデも感じさせない頼もしいものでした。

本間さんにこのとき何を考えていたのか尋ねてみると、「今日の試合は、絶対にセレッソ大阪に勝ってほしい！」と心の中で願いながら歩いていたと教えてくださいました。翌日、施設

「ヨドコウ桜スタジアム」のピッチに立ち、フラッグベアラーを務めた本間善範さん。堂々とした態度で見事に役割をやり遂げました。写真提供／株式会社あぷり

のスタッフがピッチに立ったことについての感想を聞いてみると、「ほっとしたわ」と温かな笑みを浮かべたそうです。

厳しい歩行訓練を耐え抜き、しっかりとした足取りでピッチに立った本間さんの姿は、周囲の多くの人に感動を与え、不可能を可能にする力、そして諦めないことの大切さを教えてくれました。

現在の本間さんは、病気の進行により行動が制限され、以前のような活動は難しくなっています。それでも、サッカー観戦を心から楽しむ姿がしばしば見られるそうです。その様子は、どんなに体の自由が制限されようとも、好きなことを続ける情熱があれば、人生はより豊かになることを教えてくれているようです。

挑戦によって生きがいが生まれる

長年職人として活躍されてきた方でも、年齢とともに体力が衰え、かつてできたことができなくなると、自己評価が下がりがちです。これにより、意欲が低下し、どんどん老け込んでしまうことが少なくありません。このような状況で特に大切なのは、何か新しい形で自分の存在価値を見出すこと、つまり生きがいを見つけることです。

現在のリハビリ技術は、昔と比べて大幅に進歩しており、いろいろなことができるようになっています。しかし、課題となるのは、いかにしてモチベーションを引き出すかという点です。実はここが最も難しい部分なのです。「○○○のためにがんばろう」「○○○を実現したいからがんばろう」という具体的なモチベーションを上手に作り出すことができれば、リハビリの効果は非常に高まります。本間さんは、「セレッソ大阪」を応援するなかでフラッグベアラーという役割を得たことで、「自分の足で歩きたい」「恥ずかしい姿は見せたくない」という強い気持ちが芽生えたのでしょう。

目的意識がもたらす意欲の向上

もともとがんばり屋さんな方ですから、与えられた役割をしっかり全うしたいという思いが、意欲に直結したのでしょう。この世代の方々は、何ごとにも一生懸命取り組む実直な方が多いため、やるべきことが明確になると、「がんばるぞ」と一段と意欲が高まるのが特徴です。そういう意味で、リハビリと推し活をセットにすることは、非常に良い効果を生む可能性が高いのです。

ケース
4

世代を超えた交流が元気の秘訣「80歳差の友達」

取り組んだ人　としこさん（80歳）

内容　シルバー人材センターの仕事

保育の仕事との出会い

「私、いつも年齢より若く見られるのよ」と笑うとしこさん。確かに、80歳とは思えない快活さで、周囲を驚かせています。高血圧やひざの痛みなど、年齢相応の不具合はあるけれど、毎日イキイキと生活されているのが印象的です。その元気の秘訣を尋ねると、「子どもと接する仕事をしているからかな」と教えてくれました。

現在、としこさんは地域のシルバー人材センターを通じて、週に3回、保育園で働いています。さらに、月数回土曜日と春・夏・冬の学校の長期休暇には、学童保育にも勤務しています。

子どもと関わる仕事に就いたのは、50代半ばのことでした。それまで保育の仕事は未経験でしたが、もともと子ども好きだったとしこさんにとって、お孫さんが通う保育園で保育士補助の募集があったことは、運命的な出会いだったのかもしれません。以来、21年間、保育園で朝晩の保育士補助の仕事を続け、子どもたちの成長を見守り続けてきました。しかしコロナ禍で、高齢ということもあり、勤めていた保育園を退職せざるを得ない状況に陥りました。それでも保育の仕事に強いやりがいを感じていたとしこさんは、どうにかして働き続けたいと考え、地域のシルバー人材センターに相談しました。

その結果、現在の仕事を見つけ、いまもイキイキと子どもたちと関わる日々を過ごしています。としこさんが利用しているシルバー人材センターの仕事には、年齢制限はありません。いつまで仕事を続けるかは、自分次第です。

「体が動く限り、保育の現場に携わっていたいです。それが何よりも元気の秘訣です」と、話してくれました。

最大の喜びは、子どもたちと過ごす時間

保育の仕事をするうえで、としこさんがいちばん喜びを感じるのは、「子どもたちと一緒に過ごす時間」だと言います。保育園での仕事は、0歳から小学校入学前までのさまざまな年齢

の子どもたちと関わるため、一瞬たりとも注意を欠かすことができません。事故を未然に防ぐために注意深く見守ることが最も重要な役割ですが、その分、子どもたちと過ごす楽しさもひとしおです。幼い子どもたちと一緒におままごとを楽しんだり、せがまれるままに読み聞かせをしたり、歌を一緒に歌ったりする毎日は、笑顔が絶えません。例えば、おもちゃが落ちそうになって、「おっとっと」と、としこさんが慌てるそぶりを見せると、その様子を見ている子どもたちは大笑いします。それが面白くて、としこさんはわざと同じ動作を何度も繰り返すそうです。子どもたちにとって、としこさんの年齢は関係ないようで、若い先生にするのと同じように、ひざに乗ってきたり、抱っこをせがんだりもします。「子どもたちは、私を歳の離れ

保育園でいちばん小さなお友達は、このとき生後8か月。テラスで涼みながら何やら2人でおしゃべり。幸せな時間です。

た友達のように感じているのかもしれませんね」と、としこさんは微笑みます。

学童保育では、小学1〜3年生の子どもたちの見守りを担当しています。小学生にもなると、時には憎まれ口をたたくこともあるそうですが、それでも「としこさん」と、名前で親しげに呼びかけてくれる子どもたちは、とても愛おしい存在だといいます。

お笑い番組で元気をチャージ

プライベートな時間での楽しみの一つは、テレビでお笑い番組を観ることです。忙しいとしこさんのために、一緒に暮らす娘さんが、としこさん好みの番組を常に録画してストックしておいてくれるそうです。

特にお気に入りの芸人はヒロシさん。「料理が下手すぎる」「（キャンプ道具が）落っこちちゃうわよ」など、テレビにつっこみを入れたり、側にいるつもりであれこれ世話を焼きながら観る時間がとても楽しいそうです。としこさんは、ものを増やしたくない主義なので、推し活グッズの購入などはしませんが、機会があればライブや公演に足を運んで本物を間近で見るようにしているそうです。

ある日のイベントでは、こんな面白いエピソードがありました。公演後のサイン会でのことです。いつもテレビでおいしくなさそうに食事をしているヒロシさんを目の前にして、としこさんは思わず「(いつもまずそうに食べるから)もっとおいしそうに食べてよ」と、話しかけてしまいました。するとヒロシさんは、「だーって、まずいんだもん」と返事をしてくれたそうです。

「元気をもらえる人が好き」と話すとしこさんは、お笑い以外にもさまざまな著名人の講演会に足を運んでいます。ポジティブな人の話を聞くことで、元気を養うことができるそうです。

パンダ愛は一生もの!

上野動物園で生まれ、2023年に中国へ返還されたオスのジャイアントパンダ「シャンシャン」の名付け親の一人であるというとしこさん。

愛くるしいパンダは観ているだけで癒されるため、自宅で映像を楽しむことが多いそうです。もともと好きだったパンダへの愛が高じて、としこさんは現在「ジャイアントパンダ保護サポート基金」の活動にも参加しています。これは、東京都と中国が共同で行うジャイアントパンダの保護と生息地の保全活動のためのプロジェクトを支えるための基金です。集まった寄付金は、パンダの現状を伝える教育普及活動や動物園の環境改善、保存活動の支援などに役立てられています。活動に参加した証として、上野動物園のパンダ舎の前には、としこさんの名前が刻まれたプレートも飾られています。

取材時（2024年9月17日）、としこさんが最も気にかけていたのは、中国へと返還されるジャイアントパンダ「リーリー」と「シンシン」の最終観覧に当選するかどうかでした。祈るように最後の観覧の機会を心待ちにする様子は、まるで子どものような愛らしさに溢れていました。

日々に溶け込む音楽。ピアノにも挑戦

若いころから洋楽が好きだというとしこさん。洋楽に目覚めたのは、10代後半のことでした。ある日、アメリカに留学経験のある兄から、「コンサートチケットがあるんだけど、一緒に行くはずの友人が行けなくなったから一緒に行こう」と誘われたのがきっかけです。生まれて初

上野動物園のパンダ舎前には、「パンダと幸せに☆」というメッセージとともにとしこさんの名前も刻まれたプレートが掲げられています。

めて体験したコンサートは、ジャズピアニストで歌手のナット・キング・コールの舞台でした。そのときの衝撃はいまでも心に鮮明に残っているといいます。それ以来、好んで洋楽を聴くようになり、現在もＣＤでオールディーズを楽しんでいるそうです。最近は、クロスワードパズルをしながら、洋楽を聴くのが楽しみの一つになっているのだとか。

4年ほど前には、新たな挑戦としてピアノを始めました。最初は譜面も読めない状態でしたが、ピアノ教室に通ううちに、少しずつ上達。現在は多忙で本格的な練習はできていないものの、気が向いたときには自宅にある電子ピアノを弾いているそうです。「ピアノは好きだから、またいつかちゃんと再開したいです」と教えてくれました。

子ども世代の友人との交流も

としこさんは、現在50代の次女と二人暮らしです。家では、時々けんかをしたり、娘さんに叱られたりすることもありますが、すぐに仲直りして賑やかに毎日を過ごしています。お互いアクティブな性格なので、休日には一緒にお出かけすることも多いといいます。「おいしい店があると聞けば、すぐに食べに行きます」とのこと。美食家の二人らしい、フットワークの軽さがうかがえます。

としこさんは、同年代の人よりも年下の友人や知り合いのほうが多いそうです。その理由を聞いてみると、「若い人といると、楽しいことがたくさん起こるから」と笑顔で教えてくれました。娘さんだけでなく、娘さんの友人との交流も楽しんでいるそうです。一緒に食事をしたり、イベントに参加したり、時には旅行に行ったりもするとか。このように、気を遣わない年下の仲間と過ごす時間も、若さの秘訣かもしれません。

としこさんの願いは、「現状維持で元気にいること」だそうです。日々のちょっとした楽しみを積み重ねることで、自然とその思いをかなえているようです。

熱海の寛一お宮之像やお宮の松がある海岸線の遊歩道で。毎年5、6月には、紫色のジャカランダや真っ赤なブーゲンビリアがたくさん花をつけ、大変美しいそうです。

好きな仕事で自己肯定感を高める

お金のことを気にせず、好きなことを仕事にできるのは、歳を取った人の特権です。しかもそれをずっと続けることは、自己肯定感を保つためにも、脳の機能を維持するためにも大変役に立ちます。いま、仕事をしている人は、としこさんが言うように、可能な限りやめずに現状維持で続けてください。

多様な趣味で脳を活性化

としこさんは、お笑いやパンダ、音楽など多趣味な方でもあります。好きな芸人さんのイベントに参加したり、パンダの保護活動に寄付したりすることも立派な推し活です。年齢を重ねることで、若いころよりも時間や経済的な余裕が生まれることがあります。その余裕を好きなことに使うことで、心も体も若返り、元気になるのだと思います。

誰かの役に立っていることで生まれる充実感

推し活には、ファンとして一方的に応援するものもありますが、応援された相手が喜びを感じることができるような推し活もあります。

としこさんの場合、保育という仕事が推し活の一つになっていますが、私自身も、しばしばお年寄りに「子どもの世話をしましょう」とか「ペットを飼うといいですよ」とおすすめすることがあります。一見すると手間がかかるように思えるこれらの活動ですが、自分が誰かの役に立つことで得られる充実感は計り知れません。例えば、子どもやペットと一緒に過ごすことで、「私がいないとこの子は寂しい思いをする」「この子には私が必要だ」と感じられるようになります。そのうちに、それが生きがいとなり、活力を取り戻して元気になることができるのです。

世代を超えた繋がりが脳への刺激にも

おじいちゃんやおばあちゃんが孫や地域の子どもたちの世話をすることは、若返りの一つの方法でもあります。おじいちゃん、おばあちゃんは、心から子どものことが好きになれるという強みを持っています。子どもの笑顔を見て、自分も元気をもらえるのです。例えば、子どもと一緒に遊んでいるうちにゲームのキャラクターやアニメなど、子どもが楽しむことを一緒に喜べるようになることもあるでしょう。それも新たな刺激となります。

また、夫婦共働き家庭の増加に伴い、おじいちゃんやおばあちゃんの役割が見直されています。保育園も重要ではありますが、時としておじいちゃんやおばあちゃんが、よりこまやかな注意を払うことで、子どもたちにとってさらに良い環境を作ることができるのです。そのうえ、子どもの友人世代との新たな交流も生まれ、まさに一石二鳥の効果をもたらします。

ケース
5

駅旅から世界一周旅行まで「人生は旅とともに」

取り組んだ人 加能千明さん（74歳）

内容 駅旅、世界一周の旅

中学時代から続く駅の旅

少年時代から旅好きだという加能千明さん。いわゆる「鉄ちゃん」ですが、なかでも駅に特化した「駅旅派」だといいます。中学1年生の夏から数えはじめ、2024年10月末日時点で日本国内4059駅を訪れたというから驚きです。

きっかけは、学校のクラブ活動でのハイキング中に先輩から受けたアドバイスでした。「駅で入場券を買えば、日記代わりになって記念になるぞ」と教わり、それ以来、入場券を集めるようになったのです。こうして、「駅旅」人生がスタートしました。1990年からは、「20

01年まで干支の旅」と銘打ったユニークな年賀状作りも始めました。新しい年の干支の名が付いた駅や土地を実際に訪れ、そこで撮った写真をその年の一枚にまとめた年賀状です。当初は2001年までの予定でしたが、好評につきその後も継続中で、3巡目に入っているそうです。駅名には詳しい加能さんですが、3巡目ともなるとスポット探しにも工夫が必要です。しかし、「今年はどんな年賀状が届くだろう?」と、楽しみにしてくれている人の顔を思い浮かべるとやる気が湧いてくるそうです。

また、30代ごろからは、訪れた駅や土地に関する記録をパソコン上にデータベース化しています。これにより、いつでも簡単に過去の情報を見返せるようにしているのです。日記ではなく、記録を付けることで、情報の検索や整理が

毎年作成している「干支の旅」の年賀状。年末が近づくと、「ことしは○○駅だろう」と、予測をしてくる友人もいるそうです。

便利になり、後々見返すときに大変便利なのだそうです。

思い出深い「鵜住居《うのすまい》駅」。再びの地を巡って

多くの駅を訪れたなかで、特に印象深い場所は、岩手県釜石市にある三陸鉄道リアス線鵜住居駅です。１９９９年、干支年賀状用の撮影で当時の山田線を旅していた加能さんは、「鵜住居」という駅名に惹かれ、途中下車しました。駅を出て住宅地にたどり着くと、そこには小・中学校の校庭が広がっていました。ちょうど町中の人が総出で、お祭りやバザーを開催しており、加能さんも誘われるまま、ホタテ焼きや鮭汁、焼きそばなどをいただいてすっかり満腹に。普段、一人旅を楽しむ加能さんにとって、地元の方々との交流は特別だったそうです。そ

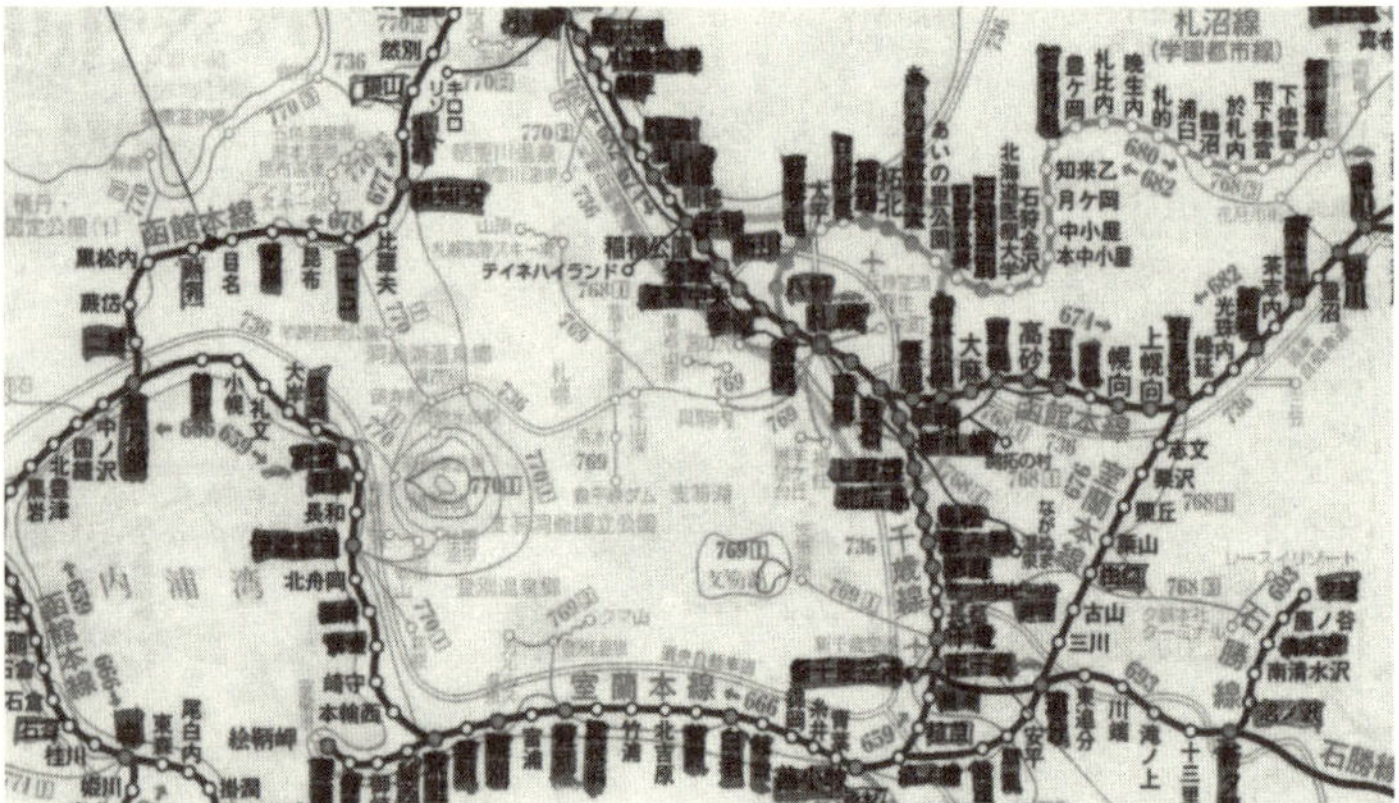

ペンで塗られたところは、これまでに訪れた駅。なかには、いまはなくなってしまった駅もあるそうです。駅の数は全国に約1万か所、まだまだ旅は続くそうです。

の後、祭り会場から少し歩いたところにある鵜住居川沿いで、橋を渡る山田線のディーゼルカーを撮影しました。この出来事以来、鵜住居駅は旅先での好きな土地の上位にランクインするようになりました。

しかし、２０１１年3月11日、東日本大震災の津波が鵜住居の町を襲い、駅と線路が流失。多くの住民が犠牲となりました。震災1年半後の２０１２年、加能さんがたまたま車で通りかかった鵜住居は、町の建物のほぼ全部が流され、草ぼうぼうの空地が広がっていました。その後、２０１８年に駅舎が再建され、再び車両が線路を走るようになりました。

２０２２年、加能さんは10年ぶりに鵜住居町を再訪。駅から見渡すと、町には新しい建物ができており、復興が進んでいることを確認しました。しかし同時に、あの日失われた大切なものを思い出し、涙の出る思いだったそうです。

63歳からの世界一周航空券旅

63歳のときに、長く働いた会社を退職した加能さん。勤めている間はなかなか長期休暇を取れなかったため、退職後は飛行機好きな奥さまと一緒に思い切り海外旅行を楽しもうと決めていました。そしてなんと、退職からわずか3日後に、初めての世界一周旅行に出発したのです。

世界一周旅行というと、非常に高額だろうと思われるかもしれませんが、加能さん夫婦は世界一周航空券を活用しています。この航空券は、太平洋と大西洋を越え、東回りまたは西回りの一方向で地球を巡り、出発地に戻ることができます。利用期間は最短で3〜4日から、最長で1年まで設定可能で、非常に柔軟です。例えば、加能さんが利用しているワンワールドの航空券は日本航空（JAL）などの加盟航空会社で使え、ビジネスクラス3大陸周遊で65万6300円、5大陸周遊で89万5220円（2024年9月時点）で利用できます（燃油サーチャージ、現地空港税は別途必要）。加能さんがこの航空券の存在を知ったのは、学生時代に読んだ、実業家・邱永漢《きゅうえいかん》氏の旅のエッセイででした。「いつかはこの航空券を使って世界一周したい」と

アメリカを旅したときの加能さんご夫婦。丸太造りの素朴な建物は、グランド・ティトン国立公園のトランスフィグレイション教会。世界一周航空券の旅は、どんなルートで巡るのか考えるのもワクワクするひとときだそうです。

思っていたそうです。

一度訪れた国や都市には親しみが生まれ、その結果、もっと詳しく訪れたい場所が増えていきます。例えば、イギリスの湖水地方、ラスベガスの新しいエンターテインメント、時間の都合で見残したローマの古跡など、さまざまです。加能さんは、鉄道の駅旅と同じように、訪れた場所を帰国後にしっかり記録し、別の機会に生かせるようにしているそうです。写真の整理をするだけでなく、訪れた場所について調べて記録を残すため、その作業は1か月ほどかかるとか。「調べることで新たな発見があって、復習の時間もまた楽しい」と教えてくれました。

事前準備も楽しい時間

世界一周航空券の旅で訪れた国は、2024年現在、41か国になりました。海外への旅を始めた当初は、トレッキングに挑戦するなど、体力が必要な体験も積極的に楽しんでいました。しかし、70歳を超えてからは、体力の低下を自覚し、旅の楽しみ方も変わってきたそうです。最近は、食を旅の大きな楽しみとしています。旅行前から現地のおいしい店探しに余念がありません。パソコンでおいしそうな店の情報を収集し、訪れたいレストランは事前に日本から予約を入れて行くようになりました。ただし、現地での街歩きで偶然見つけたお店に入るのも楽しみの一つで、いまでも飛び込みでお店を決めることも多いそうです。

加能さん夫婦の旅は、役割分担がしっかり決まっています。ホテルや飛行機選びは奥さまが担当、鉄道など現地での移動や観光スポット、飲食店などは加能さんが情報収集や手配を行います。とはいえ、予定に縛られることはなく、現地の様子に合わせて柔軟に計画を変更することもよくあるそうです。この柔軟な姿勢は、国内での鉄道の旅でも同じだそうです。

加能さんにとって、奥さまは最高の旅友達だといいます。旅の間はお互いにリスペクトをもって接しているので、喧嘩が起こることもないそう。二人ならではのペースで旅を楽しんでいるのです。

旅のトラブルは最大の思い出

旅行の思い出といえば、どんな旅でも最も忘

サン・セバスチャンでのお気に入り BEST5

Bar Sport のカウンターに並べられたピンチョス。

サン・セバスチャンに3泊4日。昼・晩・深夜と何軒も食べ歩いた。その中から、テーブルに並べられたピンチョスではなく、"オーダーして食べたタパス"で、特に私が気に入ったものを挙げてみた。

(TA) はトリップアドバイザーでのお店のランキング。全735軒)

Borda Berri（ボルダ・ベッリ；TA16位）の **Kebab de Costilla de Cerdo（豚のあばら肉のケバブ）**

Borda Berri は全てバイオーダーで調理するスタイルのバル。メニューはスペイン語で黒板に書かれているだけ。

多くのコメントに書かれている名物は Carillera de ternera（牛ホホ肉の赤ワイン煮込み＝写真の左）と Risotto de Puntalette de Idiazabal（パスタを使ったチーズリゾット）。

たまたま隣にいた日本人のカップルが「これ、美味しいですよ」と勧めてくれたのが Kebab de Costilla de Cerdo（豚のあばら肉のケバブ＝写真の右）（4.2€）。

予想外にスパイシー、ホロホロ感もあり、ネット上の人々が推す牛ホホ肉の煮込みよりずっと私の好みの味。これが気に入った一番目の品。

Bar Sport（バル・スポーツ；TA3位）の**小イカのバジルとバルサミコソースソテー**

Bar Sport はピンチョスで有名な人気店。魅力的なピンチョスがカウンターにずらっと並んでいた。ピンチョスを3つ食べたがどれも美しく、かつ美味しかった。

タパスでの名物というイカを頼もうと、紙に書いて持っていたスペイン語で「Puntillita（プンティジータ）？」と声をかけたら、店員さんが大声で「イカ焼き？」と日本語で問い返した。日本人観光客譲もが頼む品だった。

この「イカ焼き！」(3.2€)、サッと火を通しでソースをかけたものだが、柔らかく、抜群に美味しかった。

地域別に資料を作成するのも楽しみの一つ。地域別にまとめるのは、次回必要となったときに情報を調べやすくするためだそうです。まるで旅の情報誌のようなクオリティの高さ!

れられないのは「トラブルにあったこと」だと、加能さんは笑いながら話します。

最近の旅では、ニューオーリンズからニューヨークへの移動中、雷雨のため飛行機が大幅に遅れてしまったことがあったそうです。乗り継ぎのために寄ったワシントンに到着したときには、すでに6〜7時間遅延。しかも、悪天候の影響でニューヨーク行きの飛行機はすべて欠航。いっときはお手上げ状態に陥った加能さんですが、そこで世界一周航空券が役に立ちました。当初予定していたジョン・F・ケネディ国際空港行きの便は欠航だったのですが、夜遅くラガーディア空港に向かうたった1便だけが出発することが判明。急いで搭乗手続きを行い、なんとかニューヨークに到着できたそうです。

しかし、苦労はこれで終わりではありませんでした。深夜に到着した加能さんは、目的地に向かうタクシーに乗車。ところが、運転手が悪質で、加能さんの説明を無視してわざと遠回りし、ぼったくられてしまったのです。ようやくホテルに到着したのは深夜2時ごろでした。安堵したのも束の間、帰国後にさらなるトラブルが待ち受けていました。なんと、ホテルの支払いが二重請求されていたのです！　チェックイン時にすでに支払いを済ませていたにもかかわらず、チェックアウト時に再び請求されていたのだとか。加能さんは、「ひどいもんだ！」と怒りを覚えましたが、電話でやり取りが困難だったため、奥さまが日本のカード会社に連絡し、なんとか返金してもらったそうです。

「でもね、あとから考えると、こういったアクシデントって、ずっと覚えているものなんだよね」と加能さん。トラブルも含めて、旅のすべてが人生を豊かにする経験なのかもしれません。

シルバーパスを活用、小さな旅も

旅好きな加能さんは、日常でも小さな旅をたくさんしています。

退職後、大きな病気をしたこともあり、体力維持のためにと1日7000～8000歩ほど歩くようにしているそうですが、毎日近所を歩いているうちに、同じ道ばかりを歩くことにだんだん飽きてきてしまったそうです。そこで、70歳を超えてからは地域のシルバーパスなどを活用する方法を見つけました。バスでどこかの駅まで行き、そこから別の駅まで歩くといった手段を取り入れることで、行動範囲がぐんと広がったそうです。しかも、面白いことに気付きました。

「電車なら20分で着くところが、バスを利用すると2時間かかることもあります。でも歳を取ったら時間だけはたっぷり余裕があるので、いい暇つぶしになるんです。バスの旅は、近くにあるのに、いままで気付かなかったようなことに気が付くことができて飽きません」と言います。

そうするうちに、ちょっと遠くの街まで出かけては、おいしいランチを楽しむことが楽しみの一つに加わったそうです。

ただし、体に負担をかけすぎないようには、心がけているそうです。例えば、バスを利用する際は、停留所を3つか4つ分歩き、疲れたらバスに乗って休憩し、体力が戻ったらまたバスを降りて歩き出す、という具合です。無理せず、自分のペースで楽しんで歩くことが長続きの秘訣のようです。

和田秀樹の見解

昔から好きなことが最上級の推し活

「趣味を持ちなさい」と、よくいわれますが、私は、もともと好きだったことを続けるのが最も良いと思います。歳を重ねると、趣味にお金や時間をたっぷり使えるようになる方も少なくありません。例えば、加能さんのように鉄道が好きならば鉄道オタクとして、フィギュアを集めるのが好きな人ならばフィギュアオタクとして、思いっ切り楽しんでください。地下アイドルの応援だっていいのです。アイドルになりたいという夢を追いかけている若者を応援することは、自分自身の楽しみとなり、その夢を支えることにも繋がります。年齢を重ねて時間とお金に余裕ができた世代が、そうした若者をサポートするのはすばらしいことです。

情報収集で認知機能を維持

いまはインターネットで簡単に情報収集することができます。自分たちで綿密にスケジュールを立てたり、旅のしおりや行程表を作ったり、旅行後に行った場所について調べながら記録を作成したりすることも、ぜひ続けるといいでしょう。こうした作業は脳を活性化させることに大いに役立ちます。

トラブルを楽しめば脳も若返る

加能さんには旅先での予期せぬトラブルさえも楽しんでしまう心の余裕があり、まさに旅の達人です。歳を重ねると、若いころと比べて感動することが減ったり、物事が予定どおりに進むことを当然と考えたりしがちです。しかし、なんでも予定どおりに行くわけがないということに気付き、それを受け入れることが大切です。予定外の出来事を楽しむことで、脳も体もイキイキとして若返るのです。

好きなことにお金を使うのは社会貢献

加能さんは、鉄道の旅にしても、世界一周航空券の旅にしても、好きなことに対してケチらずにお金を使っているところも、とてもいいと思います。余裕のある高齢者が好きなことにお金を使えば、社会への貢献にも繋がります。さらに、シルバーパスのようなお得なチケットを使って日々のバス旅を楽しむなど、自分なりにお金の使い方をしっかり研究されているのもさすがです。経済的に余裕があるにもかかわらず、多くの高齢者が貯金を使わずに亡くなってしまうのも現実です。それよりも、好きなことに積極的にお金を使い、人生を楽しむほうがよっぽど素敵なことでしょう。

第4章
社会に広がる多様な「推し活」

一般的に、推し活と聞くとアイドルや有名人を応援することを想像するかもしれません。しかし、冒頭でも述べたように、私が考える推し活は少し異なります。年齢を重ねると、自分自身の成長を感じる機会が減ってくることがあります。そんななかで、誰かを応援するということは、非常に重要な意味を持つ活動となります。

例えば、大好きな野球選手を応援する場合、彼らの活躍を通して、まるで自分も成長しているかのような幸せな気分を感じられます。これこそが、高齢者にとっての推し活の大きな魅力です。地域活動や芸術、新しいサービスを創る起業家、近所の飲食店、コレクションなど、推しの対象はなんでも構いません。決まりはないのです。

もちろん、俳句や詩吟を習う、パソコン教室で新しいスキルを学ぶ、山歩きで自然と触れ合うといった活動もとてもすばらしいことです。しかし、それらは主に自分の成長のために行うことで、体力が衰えたり、動けなくなったりしたときには活動が難しくなるでしょう。しかし、以前はできていたことが思うようにできなくなると、気分が落ち込んで、自己肯定感も落ちてしまいます。これは、ボランティア活動やチャリティの場面でも同じことがいえます。思いどおりにできているうちは、周囲からの評価も得られ、それに伴って自己肯定感も高まります。しかし、体が思うように動かなくなり、以前のように活動できなくなると、ネガティブな感情に襲われがちです。

一方、推し活は違います。年齢を重ねて体が衰え、自分自身の成長が難しくなってきたと感じるときにも、好きな人やものを応援することで、その成長を通して自分が成長しているような幸せな感覚を得ることができます。これが、私が考える推し活の醍醐味です。

どんな推し活を選ぶか、周囲の目は関係ありません。「自分が幸せだ」と、思えることこそが、推し活の本質であり、楽しむための軸になるのです。ここからは、これから推し活を始めたいけれど、何をしたらいいのか分からないという人のために、どんな推し活があるのかを具体的にご紹介します。気になるものが見つかったら、まずは一度試してみてください。何ごとも「やってみる」という気持ちが、脳と体の若々しさを保つことに繋がります。そのうちに、自分が本当に応援したいと思う推しが、きっと見つかります。

ケース
1

「芸術への支援」は最も文化的で社会的意義のある推し活

推し活のなかで、最も文化的で社会貢献にも繋がるのが芸術への支援だと思います。ヨーロッパでは、ルネッサンス期から個人が芸術家をサポートすることは一般的でした。画家が、たった一人のスポンサーのために絵を描くということも普通のことです。こうしたスポンサーシップは、芸術を通じて豊かな文化を育む要素となっています。

才能への投資が、お金以上の満足感に

日本には、芸術に対して金持ちがお金を使うという慣習があまりありません。例えば、歌舞伎や浄瑠璃は大衆芸能で、庶民がお金を出し合って支えてきたものです。現在でも映画や舞台芸術は観客動員数がいちばんとする考え方が根強く、私自身も映画製作のために資金援助をお願いすることがありますが、なかなか理解が得られず、ほとんど断られてしまうのが現状です。

しかし、例外もあります。映画監督の小栗康平氏がまだ助監督だったころ、彼の才能を信じ

て4500万円という大金を出資した鉄工所のオーナーがいました。その結果、完成した「泥の河」という作品は国内外で多くの賞を受賞し、監督の名前は広く知られることになったのです。このように、誰かの才能に投資することは、金銭以上に深い満足感をもたらすことがあるのです。

とはいえ、芸術への推し活に、必ずしも大金が必要というわけではありません。例えば、売れていなくても、気に入った画家の作品があれば、それを購入することも立派な支援です。その画家にとっては、そのわずか数万円が大きな助けとなり、その後の創作活動を支える力になるでしょう。また、気に入った作家を見つけたら、個展が開催されるたびに足を運ぶようにします。金額は小さくても定期的に作品を購入することができれば、アーティストにとっては非常に大きな励みとなるでしょう。経済的な余裕はそれほどないという場合、多くの人に作品を知ってもらえるよう、作品や作家をブログやSNSなどで紹介するといった推し活に取り組む方法もあります。

具体的な活動

・絵画や写真など芸術作品を探すギャラリー巡り。

・気に入った芸術家の作品を購入して直接支援する。
・地元の芸術祭りやイベントに行き、新たな才能を見つける。
・芸術に関する講座などに参加し、知識を深める。
・若い芸術家に勉強のための留学をすすめ、さらなる成長をサポートする。
・推している芸術家の作品を広く知らせるために、ＳＮＳやブログを活用する。

芸術家を応援するようになると、学ぶことも多く、推しているものに関しての知識が自然と深まります。推しとの関係性にもよりますが、時には作品についてのアドバイスをしてあげることもできるかもしれません。例えば、まだ若くて売れていない画家に対して「いまのうちに、ヨーロッパで絵の勉強をしてきたらどうか」といった具体的な助言ができるようになる可能性もゼロではないのです。

定期的な作品の購入、芸術を学ぶための費用や制作費、生活費等の定期的な支援は、経済的に余裕のあるシニア世代だからこそできる推し活です。援助してもらう作家側は、創作活動に専念できる環境ができ、より作品づくりに力を注げるようになるでしょう。特に初期の作品や限定版の作品を購入することで、将来的に価値が上がる可能性もあります。

芸術家は一般的な有名人とは異なり、その作品を通じて人を感動させる存在です。そのため、成長を見守り、育てる喜びはアイドルやタレントを推すのとはまた違ったものがあります。もしも心動かされる作品に出会ったら、それを購入することから芸術への支援が始まるのです。

心ときめく「趣味」の時間を持つ

歳を取ってから新しい趣味を始めることは、簡単そうに見えて実は意外と難しいものです。ですから、いま何か趣味だといえるものがある方は、それを大切にし続けてください。もしも60代で趣味といえるものがない方は、まだいろいろなことを試してみることができるでしょうから、いまのうちに趣味をつくっておくことが大切です。経験のないことでも、まずは挑戦してみることをおすすめします。

趣味にルールはない！　まずは試してみる

例えば、「電車に乗っている時間が楽しい」のであれば鉄道の旅について調べてみる、「動物を見ていると楽しい」ならば、動物の写真を撮ってみるなど、楽しいと思えることをきっかけに趣味を見つけるといいでしょう。また、まったく興味はなかったとしても、人から何かに誘われたら、一度はやってみることをおすすめします。面白いと思えなければ続ける必要はありませんし、もしかしたら、何か心の琴線に触れる瞬間が見つけられるかもしれません。そんな瞬間を大切にし、そういうものを探しておくことが重要です。

●具体的な活動例

・CMで気になった新作映画を映画館で観る。
・散歩の途中で、街の風景や生きものを撮影する。
・若いころに好きだった歌手のコンサートに行ってみる。
・地元の料理家が主催する料理教室に参加する。
・好きな作家が登場する講演会に参加してみる。
・最近面白いと思った芸人の舞台を観に行く。
・若いころに趣味にしてみたかったけれど、できなかったことに挑戦する。

高齢になると、推し活のような趣味があるかないかで、老け込み方がずいぶん変わります。好きなことや趣味に熱中することは、活動のきっかけとなり、老化を防ぐことにも繋がります。しかし、若いころから無趣味で歳を重ねてしまった人が、70歳や80歳になって、急に趣味を作ろうとしても、そう簡単ではありません。高齢になればなるほど、前頭葉は萎縮し、男性の場合は男性ホルモンの分泌量も減少します。すると、新しいことを始めることが億劫になってしまいます。しかし、そうなる前に何か好きな趣味を見つけられた人は、晩年をイキイキと過ごすことができるでしょう。また、たとえ認知症になったとしても、もともと好きだったことを続けさせることで、進行が遅くなるというケースはたくさんあります。趣味はストレス解消と違い、それを行っているときがすごく幸せな時間です。そういう幸せな時間を、どれだけ持てるかが、これからの人生をより豊かにする鍵となります。

ただ、すでに70歳を超えているけれどもいまから趣味を探したいという人も、もちろん始めるのに遅いということはありません。若いころに少しだけかじったことにもう一度チャレンジしたり、以前からやってみたいと思っていたけれども忙しくて手を出せなかったということに取り組んでみたりするのもいいでしょう。

大切なことは、少しでも興味を覚えたことがあれば、まずはやってみることです。試してみてそれが面白くなければやめればいいだけのことです。高齢になると、時間はたっぷりあるのですから、ゆっくりと楽しむつもりで始めてみるといいと思います。最も残念なのは、やる前から「できるはずがない」などと決めつけて、諦めてしまうことです。否定的な理由を見つけて結局何もしないことが、老化を加速させます。いつまでも若々しくいるためにも、新たな活動を試してみてください。

余談ですが、私がいちばんやってはいけないと思う趣味は、貯金です。なぜなら、貯金を始めるとお金を貯めることばかりが目的となり、他のことにまったくお金を使わなくなるからです。お金があるのに食べたいものを食べず、やりたいこともやらず、通帳の残高が増えることに、喜びを感じ、満足するようになるわけです。そんなばかばかしい趣味はないと思います。

ケース
3

「マイナーなもの」を応援！自分だけが推しているという幸せ

先にも言いましたが、どんなジャンルでも、マイナーなものを応援することで推し活のやりがいは倍増します。

例えば、まだ知名度の低いタレントを応援すれば、その成長過程を間近で見守る充実感があります。まるで自分自身がその成長を支えているかのような感覚に浸ることができます。また、かつては人気があったもののいまは名前を聞かない歌手や芸人を応援し続けることも、立派な推し活です。売れ続けなくても応援し続けることで、自分だけの特別な存在として心に刻むことができるでしょう。

いずれの場合も、「自分だけの特別な存在」と思えることが、多くの人から応援されるメジャーなタレントを推すよりもずっと深い充足感を味わえるのです。

マイナーなものほど成長への喜びが高くなる

推しの対象は、人物だけではありません。例えば、テレビ番組も同様です。

まだ名前の知られていない若手芸人ばかりが出演する深夜番組を想像してみてください。番組開始直後で視聴率も低迷しているなか、たまたまその番組を観たあなたは、「これは面白い！」と感じます。そして、いつかたくさんの人がその番組を知るようになる日を心待ちにしながら番組を見続けるとしたら、それも推し活の一つです。あなたの推し番組が、いつか日の目を見る可能性も十分考えられるのですから。

●活動の具体例

- ・マイナーなタレントや歌手のイベントに参加し、直接応援する。
- ・地下アイドルの応援グッズを購入する。
- ・低視聴率の番組を見つけて、欠かさずに視聴する。
- ・マイナーなタレントのコミュニティを結成する。
- ・いまは売れていない芸人のライブに行く。
- ・あまり客の入っていない飲食店で食事をしてみる。

・流行っていないけれどおいしいと思う店に、友達や家族を誘って行く。
・流行っていない飲食店のいちおし料理をＳＮＳなどで紹介する。

マイナーなものを応援する推し活は、飲食店などにも当てはまります。例えば、ちょっと入りづらい店やちょっとさびれた感じの店。一見、ダメな店やいま一つな店、流行っていない店に見えるかもしれませんが、そういった店を少しずつ成長させていくという推し活の方法です。

私のオフィス周辺は飲食店の激戦区なので、食べるところには困りません。新しいお店が次々とオープンしますが、その多くは1年も経たないうちにつぶれていきます。そんななかで、ふと訪れた新しいお店が期待以上においしい料理を食べさせてくれることがあります。そんなときには「この店には続いてほしい」という気持ちが芽生え、「つぶれないように」と願いながら、再度訪れることがあります。これも推し活といえるでしょう。

飲食店巡りが好きな人のなかには、あえてあまり流行っていない店を推しにする方もいます。「せっかく味はいいのに、なぜ流行らないいんだろう？」とか「そのうちお客さんが増えて、お店が活気づくといいなぁ」などと考え、あまり流行っていないお店の常連になるのです。時には友人や会社の同僚を連れて行き、少しでも店を盛り上げようとします。飲食店に限らず、こうした気持ちでマイナーだけれどもお気に入りのお店を応援し続けるのは、立派な推し活です。

誰もが憧れる有名店や行列ができる人気店を推しにするのももちろんすばらしいですが、マイナーなお店が、いつか予約必須の人気店になったとしたら、応援し続けた自分もその成長に寄り添ったような喜びを感じられることでしょう。

ケース
4

非日常の時間を過ごせる「特別な食事」

特別な食事は、誰もがイメージしやすい非日常体験ではないでしょうか。高級レストランでの食事、お寿司屋さんがいい例です。例えば「1万円の寿司と5万円の寿司で、どのぐらい味が違うのか?」と聞かれることがあります。確かにいまどきは回転寿司や街のお寿司屋さんでもおいしいお店はたくさんあります。

しかし、5万円、10万円する高級店や、予約の取れない三ツ星レストランともなると、やはりちょっとした違いがあるものです。

その違いが非日常感を生み出し、日常から解き放ってくれる特別な時間になるのです。単に贅沢な素材を使っているとか、味がおいしいとか、そういった話ではないのです。その非日常感にどれだけの価値を見出すかは人それぞれです。

「残らないものへの投資」が人生を豊かに

ワインコレクターの私にとって、5万円以上するワインはどれももちろんおいしいものです。では、1本500万円するロマネ・コンティではどうでしょう？　ロマネ・コンティは、当たり外れがあるから一概には言えませんが、高価なワインには、値段以上の幸せが、確かにあります。それを感じられるかどうかは、経験してみないことには分かりません。理屈ではなく、五感で感じる世界なのです。

食事でも同じです。お金を貯めておくことが好きな人から見たら、形にも残らない食事やワインに大金をかけるなんて無駄遣いに思えるかもしれません。しかし、形に残らないからこそ、心に残る体験、つまり経験に投資することで、より一層幸せを感じられるのではないかと思います。日本人には、昔から桜を愛でる習慣があります。これは、桜が儚く美しい花であることに価値を見出しているからでしょう。特別な食事もまた、その瞬間に価値を見出すことで、より深い幸せを感じることができるのです。だからこそ、「自分だけの特別な食事」を見つけてみましょう。

●具体的な活動

・月に一度は高級レストランを予約し、特別な雰囲気やサービスを楽しむなど非日常の体験をする。
・ホテルランチでリッチな気分を楽しむ。
・週に一度、推しラーメン店巡りをして、自分だけのラーメンマップを作る。
・何かの記念日には、予約の取れないレストランで食事をする。
・お取り寄せで全国のおいしいものを味わう。
・推しシェフを見つけて、定期的に食事に通う。
・推しシェフが開催する料理教室などのイベントに行く。
・お気に入りのレストランの料理を写真にとってSNSに投稿する（掲載してもいいか、お店の許可をとりましょう）。
・レストランで初めて食べた異国の食材について調べ、食文化について理解を深める。

特別な食事というのは、もちろん高級店でなくてもいいのです。自分にとって特別であればいいわけですから、それがラーメンでも、好きなカフェの料理でも、思い出の場所での素朴な家庭料理でもいいのです。大切なのは、その食事にどんな価値を見出すかということです。

ちなみに今日の私のお昼は、1時間並んで、久しぶりに有名店のラーメンを食べてきました。興味のない人から見れば、ラーメンを食べるために1時間も並ぶなんて無駄に思えるかもしれませんが、その時間も待った甲斐がありました。無駄に見える時間さえも非日常となり、充実感に変わるのです。

ケース
5

「地域活動」に参加して地元の魅力を知る

地域の中での推し活というと、ピンとこない人も多いかもしれません。しかし、私たちは日々の生活に慣れすぎて、自分の住む地域の魅力を見落としがちなものです。シニアのみなさんにとって、知らなかった地元の魅力を再発見し、それを推し活の対象にすることは、新たな生きがいや楽しみを見出す絶好の機会となります。

何を「推す」か、ターゲットを決める

地域には、実は推しのターゲットとなるものがたくさんあります。まずは、何を推したいのか対象を決めることが推し活の入口です。例えば、地域で採れる果物や野菜、その土地ならではの料理、流行ってはいないけれど実はおいしいレストラン、地元で続くお祭り、市の観光名所など、考えてみるとさまざまあるはずです。そのなかから、これと思ったものをターゲットにします。テーマを絞ることで活動が明確になります。できる限り、いままでは縁のなかった

新しいことを始めるといいでしょう。

●具体的な活動例

・地元で作られている果物や野菜にはどんなものがあるのかを調べて、食べてみる。
・おいしい食材を作る農家や生産者などと交流し、ＳＮＳで情報を発信する。
・テーマを決めて、オリジナルの街マップを作る。
・地域で有名な観光名所を訪れ、その歴史を詳しく調べる。
・地元の祭りや長く続く行事などに参加してみる。
・外国人観光客向けの地域ガイドボランティアをやってみる。

推しがなかなか決まらない場合は、少し視点を変えることをおすすめします。例えば、
・他の地域から親戚や友人が来たとき、どんなところを案内するか考えてみる。
・外国人観光客の目線で地元を見直してみる。
といったことをしてみると、意外な魅力に出会えるかもしれません。日常的な視点を少しずらすことで、街の新たな魅力を発見できる可能性があります。

ケース
6

「ペット」と一緒に暮らすことで日々の活力が湧いてくる

年齢を重ねるほど、日常生活の中で「自分が役に立っている」と感じる機会が減っていきます。それとともに、自己肯定感が低下してしまう人も多く見られます。しかし、犬や猫などのペットを飼うことで、「自分がこの子の世話をしているからこそ、元気に過ごせているんだ」と実感することができ、見違えるほど元気になることがあります。

ペットの存在で自己肯定感がアップ

ペットを飼うことは、愛情を育むのはもちろん、心の癒しにもなるとよくいわれますが、何よりも大きな効果は、「自分が役に立っている」という自己肯定感を与えてくれることだと思います。「誰かにとって必要だ」と思えることこそが、高齢者にとって最も大きなメリットといえるでしょう。

●具体的な活動例

・スマートフォンでペットのかわいい瞬間を写真に収める。
・服や首輪、おもちゃなどを手作りする。
・ペット連れ向けの観光名所や宿を探して、ペットと一緒に旅行を楽しむ。
・地元で開催されるペット関連のイベントに参加し、新しい友達を作る。
・犬の散歩などで出会った人と友達になり、地域の輪を広げる。
・SNSにペットの写真を投稿し、他の愛好家と交流する。
・YouTubeでペットの日常生活や面白い瞬間などを紹介する。
・ペットの写真やイラストを使い、オリジナルのグッズを作成する。
・動物愛護団体への支援活動を行い、社会貢献をする。

ペットとの生活は、高齢者にとって生活リズムを整える手助けにもなります。特に、犬と一緒に暮らすことで、毎日の散歩を習慣化でき、自然と体を動かす機会が増えます。こうした点でも、高齢者がペットを飼うことは、いい推し活になるでしょう。

ケース 7

憧れのブランドを推して「ファッション」を楽しむ

お気に入りの洋服を着ているときは、気分が上がるものです。歳を取ると、若いころは高嶺の花だったブランドにも手が届くようになります。例えば、１００万円もするシャネルのスーツだって、高齢になり、経済的に余裕が生まれると、案外簡単に買えるようになります。子どものの教育費や家のローンがなくなり、高価な服にお金を使えるようになるのです。

若者向けファッションに挑戦して若返りも

そうした服を着ていることによる満足感は非常に大きいでしょう。また、家族や友人などまわりから「その服素敵ね」などと褒め言葉をもらえれば、その満足感はさらに増すはずです。いつもとは違うファッションを楽しむのも、良い気分転換になります。若者向けのアイテムに挑戦することで、自分がまるで若返ったように感じられるかもしれません。

●具体的な活動例

・好きなブランドの服を着る。
・好きなブランドの限定グッズやコラボアイテムを収集する。
・高級ブランドの服を買う際は、そのブランドの歴史や哲学を調べてみる。
・地元の新進デザイナーの作品を探し、購入することでブランドを応援する。
・若い人向けのファッション雑誌をチェックして、季節の流行アイテムを研究する。
・好きなブランドが主催するファッションショーなどのイベントに参加する。

また、新しい才能を持つデザイナーを見つけて応援するのも素敵な方法です。「このデザインセンス、素敵！」と感じる洋服に出会えたら、まだ無名のブランドでもぜひ購入してみてください。将来、それが世界的ブランドに成長する可能性もあります。自分が好きだと思って少しずつでも購入していたことが、ブランドの成長を助け、いずれ世の中に認知されるかもしれません。その過程を近くで体験できることは、大きな喜びとなるでしょう。

ケース
8

「スポーツ」への応援が意欲向上のきっかけになる

スポーツは自分でやるのももちろんすばらしいことですが、誰かを応援することで得られるときめきや成長を見守る喜びには、また別の魅力があります。応援する推しができることで、心に元気が宿り「自分も何かやってみたい」という新たな意欲が生まれてきます。これこそが、スポーツを推し活とする最大の魅力ではないでしょうか。

好きな選手への「ときめき」が活力に！

例えば、第3章で紹介した「Ｂｅサポ！」の事例では、サッカーチームの応援活動を通じて、入居者の生活に活力と刺激が生まれました。これにより、新たな目標に挑戦したり、リハビリに励んだり、周囲の人と積極的に交流するなど、日々の暮らしがよりイキイキとしたものになったのです。これらは、スポーツ応援活動によって得られる意欲の表れです。

●活動の具体例

・地元のスポーツチームや、気になる選手が活躍するチームの応援をする。
・新聞、テレビ、インターネットなどで、推しとするチームや選手の情報を集める。
・試合の応援をする（スタジアム観戦の他、テレビやインターネットで見るのもいい）。
・ユニフォームやキャップ、ポスターなど、チームや選手のグッズを購入する。
・ファンクラブに加入して、同じチームや選手を応援するファンと交流をする。
・試合の記録表などを自分なりに工夫して作成し、試合のデータをまとめる。

先日、オリックス球団のオーナーを34年間にわたり務めた宮内義彦氏（現オリックスシニア・チェアマン）と対談する機会がありました。その際、印象的なことをおっしゃっていました。宮内氏は、はじめは宣伝目的でプロ野球チームを買収したものの、試合を観戦するうちにいつの間にかその魅力にひき込まれ、気付けばチームの熱心なファンになっていたそうです。宮内氏の言葉は、スポーツの不思議な魅力を物語っています。

スポーツはテレビやインターネットなどでも手軽に視聴できますので、応援しやすいというのもいい点だと思います。

ケース
9

「新しいものやサービスを創る人」を応援して社会貢献する

誰かの夢を応援するのもおすすめです。例えば、夢を抱いて起業した人の会社の株を少し購入し、その成長を見守ることは非常に意味のある活動です。世の中に新たな価値を生み出し、社会に影響を与える人を応援することで、自分自身もその一員になったような気持ちになれるでしょう。

成長を見守る楽しみとドキドキが脳への刺激にも

スタートアップ企業の株を購入し、株の価値がどんどん上がっていく様子を見守るのは、成長を感じる楽しみもあります。実質的な利益が得られることもあるかもしれません。しかし、企業の成功は容易ではなく、多くは思うように成長しないこともあります。しかし、その不確実性がまた一つのドキドキ感、楽しみでもあるのです。たとえ投資が上手くいかなくても、新しいサービスが生まれる瞬間に立ち会えた、その未来を応援できたという経験は、きっと人生を豊かにしてくれるはずです。

●活動の具体例

・若者が立ち上げた新たな企業の株を購入する。
・地域のNPOや、行政が開催する起業支援イベントに参加する。
・シニア向けのオンラインコミュニティで起業家との交流を楽しむ。
・地元の特産品を生かした商品開発プロジェクトにボランティアで参加する。
・趣味や特技を生かして小規模なワークショップを開催し、新しいサービスを地域で広める。

まだ社会にない新しいものやサービスを創り出すなら、本当は自分で起業するのが理想的です。例えば、食が細くなってきた高齢者向けにハーフポーションの会席料理を提供するための会社を起業し、レストランを作ったら喜ばれるかもしれません。自分ごととして考えてみると、新たなアイデアが生まれてくる可能性が高まりそうです。

新しいものやサービスを創造することは、前頭葉を刺激して脳を活性化させるいいチャンスです。

ケース
10

収集することで成長を実感できる、手軽な推し活「コレクション」

何か特定のものを収集するコレクションは、手軽に成果を感じられるのが魅力です。なぜなら、基本的には自分がそれほど能動的に動かなくても、コレクションの数が増えていくことで、成長している実感を得られるからです。時には自分の足で買い集めに行くこともあるでしょうが、数が増えるほど満足度が上がるというのは同じでしょう。

推しを持つことで知識欲がアップ

また、コレクションを通して、いろんな知識が身につくのも面白いところです。人は何かを収集するうちに、それについて勉強するようになります。絵画を集めているなら、絵について学ぶようになるし、切手を集め始めたら切手の歴史を調べるようになる。ワインだって同じです。コレクションをしているうちに、自然と詳しくなっていくものです。そして詳しくなればなるほど、さらに面白くなっていく。これもコレクションの醍醐味です。

●活動の具体例

・絵画や切手、ワイン、古書など、自分の興味に合ったコレクションを見つける。
・最初は気に入ったものを一つ購入するなど、小さなものから始めて、徐々にコレクションを増やしていく。
・コレクションに関する知識を身につける。例えば、絵画収集をするなら絵画の歴史や技術について学んでみる。
・自分のコレクションをノートにまとめたり、部屋に飾ったりする。
・SNSやブログなどで、同じコレクションをしている人と交流したり、コミュニティに参加したりする。
・定期的に新しいアイテムを追加し、新たな発見を楽しむ。

コレクションは知識を広げ、深める土台となります。詳しくなるほど、その対象はさらに魅力を増し、結果として自分自身の成長を実感することができるでしょう。

おわりに

本書に最後までお付き合いくださり、ありがとうございました。

私の信念として、人間、歳を取ってからは、ただ生きているということより、元気でいるとか幸せであるかということの重要性が増してきます。ただ、元気というのも、検査データが正常だから元気とか、麻痺がなく普通に歩けているから元気とは限らない気がします。車いすに乗っていたり、あるいは寝たきりであったりしても、元気な人は珍しくありません。毎日をアクティブに生きられれば、やはり元気と考えていいのでしょう。例えば、これからAIの時代になれば、寝たきりの人であっても命令すればなんでもやってくれるロボットができるのは間違いありません。メタバースのような仮想現実の中で、旅行気分もグルメも味わえるようになるともいわれています。こういうときに、命令する気になれないとか、メタバースも面倒くさいという人が、元気のない寝たきり高齢者になりやすいのでしょう。

幸福にしても、若いころは社会的地位とか財産とか収入が大きなウエイトを占めていましたが、幸福のUカーブのお話をしたように、そういうことと関係のない主観的な幸福度のほうが重要になってきます。そういう意味で、この本では、元気になるとか、幸せになるための方法論として推し活を紹介しました。前半で、推し活がなぜ元気とか幸せにいいのかという理屈の話をしましたが、理屈で分かっていただく以上に、実践が大事だと思います。

古い歌になりますが「しあわせは 歩いてこない だから歩いて ゆくんだね」というのは言い得て妙だと思います。自分で幸せと信じるのは、何もないところでは難しいわけですが、何かいいことがあると幸せを感じることはあります。Uカーブのところでもお話ししたように、若いころより、小さなことに幸せを感じることができるのが高齢者の強みですから、ちょっとしたいいこととの出会いが、幸せを感じさせてくれるのです。そのような幸せをつかむためのアクションの一つで、実行しやすいものが、推し活というわけです。

ということで、本書に書かれていることをただ納得していただくだけでなく、試してみる、体験してみるというのが、元気になり、幸せになるための大きなステップです。歳を取ってからの最大のメリットは、時間がたくさんあるということのような気がします。私は幸か不幸か、60を過ぎてから本が売れだし、ものすごく忙しい日々を送っています。それを羨ましがる人は少なくないようですが（お世辞で言われているだけかもしれませんが）、実はやりたいことがいっぱいあるのに、やる時間がないという悩みもあります。時間があれば、大好きなラーメン屋さんに1時間並ぶどころか、遠方にも気軽に行けるだろうと想像することもあります。何が言いたいかというと、時間があれば、試せることはいくらでもあるということです。そして、試し続けることで、幸せをつかんだり、元気を手に入れたりできるのです。推し活というのは、お金をかける気になればいくらでもかけられるのですが（大谷選手のグッズのオークションを見れば分かりますね）、お金をかけなくても幸せになれるものでもあります。ただ、時間をかけるほど幸せに近づけるのは確かなようです。

ということで、本書に納得いただけたら、まず推す相手やものを探し、そして試しにやってほしいのです。そうすることで幸せに近づいていけるのです。実は、この試すという行動や試しにやってみるという気持ちは、老化予防にとてもいいものです。脳の前頭葉を活性化させますし、人間の行動のハードルを下げるからです。ここで重要なのは、試しにやっているだけなのですから、上手くいくことも上手くいかないこともあるということです。推し活をやってみて、思ったより幸せを感じられなければ、別の推しを探すのもよし、あるいは別の活動を試してみてもいいのです。人生長いのですから、最後に幸せになった者勝ちです。だから、まず最初の一歩を踏み出されることを期待しています。ぜひ幸せになってください。

末筆になりますが、本書の編集の労を取ってくださった、KADOKAWAの伊藤甲介さんと宝田真由美さんにはこの場を借りて深謝いたします。

和田秀樹

【参考文献】

第1章

- 多田富雄、奥村康：老化と免疫 - 精緻なシステムの崩壊はそうして起こるか -. 現代化学1984; 164: 40-45.
- 「厚生労働省　令和2年（2020）患者調査（確定数）の概況」 https://www.mhlw.go.jp/toukei/saikin/hw/kanja/20/dl/kanjya-01.pdf

第2章

- ＊ Blanchflower, D. G.(2021). Is happiness U-shaped everywhere? Age and subjective well-being in 145 countries. Journal of Population Economics, 34,575-624.
- 「厚生労働省　健康寿命の令和元年値について」 https://www.mhlw.go.jp/content/10904750/000872952.pdf
- 伊藤裕『幸福寿命 ホルモンと腸内細菌が導く100年人生』（朝日新聞出版）
- 和田秀樹『70代から「いいこと」ばかり起きる人』（朝日新聞出版）
- 岸見一郎『アドラー心理学入門―よりよい人間関係のために』（KKベストセラーズ）
- 坂倉杏介，保井俊之，白坂成功，前野隆司．「共同行為における自己実現の段階モデル」による「地域の居場所」の来場者の行動分析ー東京都港区「芝の家」を事例に．地域活性研究．　2013;4.
- Harman SM, Metter EJ, Tobin JD, et al.: Longitudinal effects of aging on serum total and free testosterone levels in healthy men. Baltimore Longitudinal Study of Aging. J Clin Endocrinol Metab. 2001; 86: 724-731.
- ジョナサン・ラウシュ、田所昌幸（解説）、多賀谷 正子（訳）『ハピネス・カーブ 人生は50代で必ず好転する』（CCCメディアハウス）

和田 秀樹（わだ ひでき）
1960年、大阪府生まれ。東京大学医学部卒業。東京大学医学部附属病院精神神経科助手、米国カール・メニンガー精神医学校国際フェローを経て、現在は和田秀樹こころと体のクリニック院長。老年精神科医として、30年以上にわたって高齢者医療の現場に携わっている。『70歳が老化の分かれ道』（詩想社）、『80歳の壁』（幻冬舎）、『60歳からはやりたい放題』（扶桑社）などベストセラー著書多数。

60代《だい》から100歳以上《さいいじょう》まで
人生《じんせい》が楽《たの》しくなる「シニア推《お》し活《かつ》」のすすめ

2024年12月11日　初版発行

著者／和田 秀樹《わだ ひでき》

発行者／山下 直久

発行／株式会社KADOKAWA
〒102-8177　東京都千代田区富士見2-13-3
電話 0570-002-301(ナビダイヤル)

印刷所／大日本印刷株式会社

製本所／大日本印刷株式会社

●お問い合わせ
https://www.kadokawa.co.jp/（「お問い合わせ」へお進みください）
※内容によっては、お答えできない場合があります。
※サポートは日本国内のみとさせていただきます。
※Japanese text only

定価はカバーに表示してあります。

ISBN 978-4-04-607204-7　C0095
JASRAC 出 2408719-401